Mai 1889.
L'architecte Lucien Fournereau
revient d'Angkor.
Il expose Angkor Vat au Salon.
Sept grands dessins.
L'année suivante,
le Baphuon est hors concours.
A nouveau sept grands dessins.

Octobre 1989.
Ces dessins ont cent ans.
Pour la première fois,
ils sortent de leur réserve.

Relevé et dessiné par l'architecte sou...
PARIS _ Mars 1889.

ETAT A

COUPE LONGITUDI

EL

EST OUEST

Bruno Dagens, ancien membre de l'Ecole française d'Extrême-Orient, né aux Pays-Bas, a passé son enfance en Afrique du Nord et sa jeunesse à Strasbourg. Initié à l'archéologie par Daniel Schlumberger en Afghanistan, il arrive en 1965 au Cambodge où il participe sept ans aux travaux de la Conservation d'Angkor. Il partage alors son temps entre l'iconographie des temples, la mise en ordre et la restauration des sculptures du dépôt d'Angkor et des prospections. Il traduit aussi un traité sanskrit d'architecture : les temples d'Angkor lui apportent des éléments de référence. Après avoir enseigné à Louvain, il repart pour neuf ans à Pondichéry où il étudie des temples, qu'un barrage doit faire disparaître, et des textes çivaïtes. En 1985 un court séjour le ramène à Angkor. Professeur à Paris-III, il coordonne pour l'UNESCO le projet de préservation du temple de Vat Phu, au Laos, et mène des recherches en Thaïlande.

*A Cathy et Nicolas,
en souvenir de leurs
amis de Phum Tréan*

*1ᵉʳ Dépôt légal : octobre 1989
Numéro d'édition : 70909
Dépôt légal : novembre 1994
ISBN : 2-07-053091-4
Imprimerie Kapp Lahure
Jombart, à Évreux*

ANGKOR
LA FORÊT DE PIERRE

Bruno Dagens

DÉCOUVERTES GALLIMARD
ARCHÉOLOGIE

« Voici donc ces temples qui apparurent si longtemps à notre imagination comme de fabuleuses visions. Voici les assises, les soubassements, les galeries, les extraordinaires dômes pareils à des tiares annelées. Il ne manque que la forêt tropicale, dense et verte sous son ciel d'Asie, d'où coulent tour à tour les pluies diluviennes qui écrasent sans rafraîchir et les mortelles insolations qui assomment et qui tuent. »

Claude Farrère, *L'Illustration*, 1931

CHAPITRE PREMIER
DÉCOUVERTE ?
VOUS AVEZ DIT
DÉCOUVERTE ?

Angkor Vat tourne le dos à l'est, ce qui donne de beaux levers de soleil. A l'Exposition coloniale de 1931, c'est la nuit que le temple resplendit sous l'éclairage doré des projecteurs.

Un missionnaire rabat-joie

En 1874, la gloire – posthume – d'Henri Mouhot est bien établie. Articles et livres se multiplient et le sacrent «découvreur» de l'ancienne capitale du Cambodge. La magnifique publication officielle consacrée au voyage d'exploration des marins Doudart de Lagrée et Francis Garnier vient de paraître. Elle complète heureusement les rapides descriptions de l'inventeur d'Angkor et de ses premiers successeurs. Tout cela agace un missionnaire, le père Bouillevaux; il trouve qu'il y a là un peu de «charlatanisme» : Angkor n'a pas été *retrouvée*, pour la bonne raison qu'elle n'a jamais été oubliée ni perdue! Lui-même l'a visitée et a publié quelques pages sur la question avant même que Mouhot ne quitte l'Europe! Et il était loin d'être le premier : des missionnaires, des voyageurs portugais du XVIe siècle et même quelques chroniqueurs chinois du XIIIe siècle en avaient parlé! Certes les publications récentes sont intéressantes, «mais n'exagérons rien».

Le bon père n'a pas tort sur le fond, même s'il ne comprend pas grand-chose à l'esprit de son temps : l'Europe s'offre le luxe et le plaisir de découvrir le monde, il n'est pas question de l'en priver! Ajoutons que Mouhot n'a jamais prétendu rien découvrir; il cite même Bouillevaux. Doudart de Lagrée et Francis Garnier, eux, connaissent les missionnaires et les voyageurs portugais mais ils ont surtout lu Tcheou Ta-Kouan, ce Chinois qui a passé près d'un an à la fin du XIIIe siècle dans ce qui était alors la capitale du Cambodge.

Un Chinois chez les Barbares

Comme l'avait fait peu d'années avant lui Marco Polo, en 1296 Tcheou Ta-Kouan longe les côtes de l'actuel Viêt-nam. Mais, au lieu de continuer vers l'Indonésie, il s'engage dans les bouches du Mékong, remonte le fleuve, puis le quitte pour pénétrer

Grâce à la Bibliothèque rose et à son édition du *Voyage* de Mouhot, Angkor est entre toutes les mains dès 1868.

Arrivé par l'Asie centrale à Pékin en 1275, Marco Polo repart vers Venise par les mers du Sud en 1291.

dans le Grand Lac qui occupe le cœur de la plaine cambodgienne. Il le traverse et aborde sur sa rive nord-est, non loin d'Angkor. Compagnon d'un ambassadeur de l'empereur de Chine venu réclamer l'hommage dû à son maître, il se rend à la capitale du royaume du Cambodge et y arrive en août 1296. Il la quittera en juillet 1297.

Ce voyage en lui-même n'a rien d'extraordinaire. Les relations diplomatiques et commerciales de l'empire du Milieu et du Tchen-la (nom que les Chinois donnent au Cambodge) sont anciennes. Des ambassades ont précédé celle de Tcheou Ta-Kouan et d'autres la suivront. Et à Angkor, vivent de nombreux Chinois, marchands ou matelots déserteurs, parfois installés depuis fort longtemps.

Un guide pour touristes pressés

Ce qui donne tout son prix au voyage de Tcheou Ta-Kouan, ce sont les *Mémoires sur les coutumes du Cambodge* qu'il rédige à son retour. Histoire de

Le luxe de la cour de Kubilai, l'empereur mongol fondateur de la dynastie des Yuan, ne pouvait que renforcer le sentiment de supériorité des Chinois vis-à-vis des «Barbares». Tcheou Ta-Kouan, envoyé du Fils du ciel, mesure chichement son admiration. Mais son rapport fourni, précis et personnel fait vivre la Ville, capitale d'un des Etats les plus puissants de l'Asie du Sud-Est, dont nous ne voyons plus aujourd'hui que le magnifique squelette monumental.

La tradition du roi donnant audience à une fenêtre se retrouve plus tard au Siam. Ainsi, lorsque Phra Narai reçoit le chevalier de Chaumont, envoyé de Louis XIV, le 18 octobre 1685 (ci-contre). Deux ans plus tard, c'est le tour d'un autre ambassadeur français, Simon de La Loubère.

❝ [Le roi] ne se montre que par une fenêtre, comme le faisait anciennement le roi de Chine. Cette fenêtre est d'une chambre plus haute qui a cette vue sur le salon et qu'on dirait être d'un premier étage. Elle a neuf pieds de haut ou environ et il fallut mettre trois marches au-dessous pour m'élever à hauteur de donner la lettre du Roi de la main à la main au roi de Siam. ❞
Simon de La Loubère, *Du royaume de Siam*, 1691

camper le cadre de ce rapport, il décrit la capitale, la «Ville murée», et ses environs immédiats. Il en présente tout d'abord les constructions en dur – muraille et temples –, celles de la Ville et quelques-unes de celles qui l'entourent; de là il passe aux habitations, royales et autres, bâties en matériaux plus légers. C'est bien d'un guide qu'il s'agit en effet, d'un guide pour visiteurs pressés, désireux de voir les hauts lieux de la capitale et un choix très limité des curiosités de ses alentours.

La Ville murée

La «Ville murée», c'est le grand quadrilatère ceint d'une muraille et d'une vaste douve que les Cambodgiens appellent Angkor Thom («Angkor-la-

Grande», la «Grande Ville»). La muraille et ses cinq portes ont impressionné Tcheou Ta-Kouan comme elles impressionneront plus tard les voyageurs portugais. Il est moins disert sur les grands temples-montagnes de la ville, mais leur complexité, la dorure ou la parure métallique de leurs superstructures et les statues d'or l'ont visiblement frappé et amené à penser que «ce sont ces monuments qui ont motivé cette louange du Cambodge riche et noble que les marchands d'outre-mer ont toujours répétée».

Du palais royal, il n'a vu que les parties publiques, lors des audiences où le roi apparaissait à sa «fenêtre d'or», mais il a entendu dire «qu'à l'intérieur du palais il y avait beaucoup d'endroits merveilleux». Il reconnaît dans tous les cas que «les longues vérandas, les corridors couverts s'élancent et s'enchevêtrent, non sans quelque harmonie». En face du palais, au-delà de la grande esplanade, il signale «douze petites tours de pierre» qu'on appelle joliment maintenant les «tours des danseurs de corde» : elles servent selon lui à des jugements de Dieu.

J ayavarman VII (1180-1218?) est le dernier grand roi d'Angkor. Après lui, le pays décline, épuisé par la furie bâtisseuse de ce souverain mégalomane, et ravagé par les troubles intérieurs et les guerres malheureuses avec le Siam. Tcheou Ta-Kouan fait plusieurs fois allusion à celle qui a précédé sa venue.

C e n'est qu'en 1938 qu'est retrouvé le Bouddha merveilleux de Tcheou Ta-Kouan. En fait, il s'agit d'un Vishnou, et le lac artificiel où il se trouve n'est pas à l'est de la Ville mais à l'ouest – c'est le «baray Occidental» : à ces détails près, l'information est exacte.

Hors de la ville, Tcheou Ta-Kouan se borne à camper quelques repères, mais bien choisis. Ainsi la «tombe de Lou Pan», qui n'est autre qu'Angkor Vat. Deux temples construits au milieu de vastes lacs artificiels lui paraissent aussi dignes d'intérêt. L'un d'eux, situé dans le «lac Oriental» n'abrite-t-il pas «un Bouddha couché en bronze, dont le nombril laisse continuellement couler de l'eau»?

Le roi, sa cour et les autres

Le roi est un être hors du commun. Ne dit-on pas que pour le bien du royaume il s'unit toutes les nuits avec un génie – un serpent à neuf têtes qui apparaît sous la forme d'une femme?

Il sort rarement de son palais, toujours en grand cortège, debout sur un éléphant, brandissant l'épée d'or – palladium du royaume. Le respect dont on l'entoure montre que «tout en étant un royaume de Barbares, ces gens ne laissent pas de savoir ce qu'est un prince». Ses épouses – il en a cinq, une pour l'appartement principal et quatre pour les points cardinaux – vont comme les autres femmes, nu-pieds, coiffées d'un chignon et la poitrine découverte, d'une «blancheur de lait». Mais si elles sont «blanches comme le jade», c'est qu'elles ne voient pas les rayons du soleil, car les habitants du Cambodge sont le plus souvent «très noirs».

Dignitaires et fonctionnaires parcourent les rues sur leurs palanquins à brancards d'or, accompagnés selon leur rang d'un nombre plus ou moins grand de

Les scènes de la vie du monarque – comme cette audience royale –, occupent une grande place sur les bas-reliefs du Bayon.

❝ Seul le prince peut se vêtir d'étoffes à ramages continus. Il porte un diadème d'or [...]. Parfois, il ne porte pas de diadème et enroule simplement une guirlande de fleurs odorantes qui rappellent le jasmin. Sur le cou, il porte environ trois livres de grosses perles; aux chevilles et aux bras, il a des bracelets et des bagues d'or. **❞**
Tcheou Ta-Kouan

porteurs de parasols d'or. Les religieux sont nombreux, brahmanes lettrés de la cour, moines bouddhistes vêtus de jaune et sectateurs de Çiva. Quant aux gens du commun, ils sont «extrêmement simples : en apercevant un Chinois, ils se jettent à terre et se prosternent»!

Les fêtes sont multiples, celle du premier mois de l'année, celle du bain des statues de Bouddha et d'autres encore. Les plus importantes se déroulent devant le palais, sur la grande esplanade, au milieu d'une nombreuse assistance. Le souverain y invite les ambassadeurs étrangers.

La Ville abandonnée?

Près d'un siècle et demi après la visite de Tcheou Ta-Kouan – sans doute vers 1431 –, le roi du Cambodge quitte la Ville. La cour s'installe loin au sud, au-delà du Grand Lac, s'éloignant des Siamois dont le voisinage est de plus en plus menaçant. Cet abandon a-t-il pris l'aspect d'un

En dépit de la surcharge de certaines parures, les innombrables *devatâ* d'Angkor Vat respirent toutes la gracieuse simplicité que Tcheou Ta-Kouan reconnaît aux Cambodgiens.

La Sagesse infinie est représentée sous les traits d'une des épouses de Jayavarman VII

départ en grande pompe comme nous le racontent certaines chroniques selon lesquelles «le roi Ponhea Yat accompagné de ses généraux, de ses dignitaires et de tous ses ministres, des serviteurs royaux hommes et femmes, se mit en route depuis l'auguste et noble palais royal de la vaste Angkor Thom, sur l'auguste pirogue, véhicule royal»? A-t-il eu lieu au contraire dans le désordre provoqué par une invasion siamoise? La chose est en elle-même de peu d'importance mais il est certain qu'Angkor, pillée et dévastée, n'abritera plus jamais – sauf peut-être pendant une très courte période au XVIᵉ siècle –, la capitale du Cambodge. Celle-ci sera désormais au-delà du Grand Lac, dans le sud du pays. Après bien des vicissitudes, elle finira par se fixer définitivement à Phnom Penh.

Les Siamois à Angkor

Une chronique cambodgienne tardive – elles le sont toutes – s'étend complaisamment sur la visite que le roi du Siam aurait faite à Angkor au moment de sa conquête. On y voit le roi vainqueur interroger les «mandarins khmers» sur l'origine, l'histoire et la destination des monuments qu'il rencontre. Après avoir commis des gens à la protection de la Ville, «il fit emporter les augustes statues du Bouddha en or, en argent, en bronze, en pierre précieuse, ainsi que de nombreuses statues de l'Auguste Taureau et d'autres animaux». Il invita également les moines à le suivre et, pour faire bonne mesure, déporta vers le Siam soixante mille familles de la capitale conquise. Le roi vainqueur rapportant dans sa capitale les statues d'Angkor n'était pas Bonaparte pillant l'Europe pour enrichir le Louvre :

Tcheou Ta-Kouan décrit le Bayon (ci-dessous) comme une «tour d'or flanquée de plus de vingt tours de pierre et de plusieurs centaines de chambres de pierre», mais il ne mentionne pas les visages de ces tours.

Cet éléphant (à gauche) et les autres statues de Mandalay proviennent sans doute de Neak Pean, l'«île du lac Septentrional» de Tcheou Ta-Kouan.

ce n'était pas la beauté qu'il emportait avec lui mais la puissance des rois d'Angkor que recelaient ces images divines. Un siècle plus tard, les Birmans ne s'y trompent pas : vainqueurs des Siamois, ils ravagent Ayuthaya, leur capitale, et emportent à leur tour quelques-unes de ces statues. De capitale en capitale, elles aboutissent en 1734 à Mandalay, où elles sont toujours.

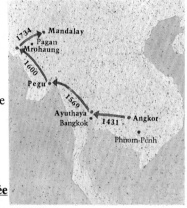

Vers le milieu du XVIᵉ siècle, le roi du Cambodge, chassant l'éléphant dans le nord du pays, découvre, noyée dans une épaisse forêt, une grande ville abandonnée

Il la fait dégager et y installe sa cour. La nouvelle est diffusée en Europe dans les premières années du XVIIᵉ siècle à travers diverses compilations fondées sur des récits de missionnaires portugais.

Emportées vers 1431 à Ayuthaya, les statues en repartent en 1569 pour Pegu, puis vers 1600 pour Mrohaung, capitale de l'Arakan, avant d'arriver en 1734 à Mandalay.

Les sources cambodgiennes l'ignorent. Les descriptions, même les plus maladroites et les plus fantaisistes, ne laissent aucun doute : c'est bien la «Ville murée», «Angkor-la-Grande» qu'on a retrouvée vers 1550 ou 1570, et que certains missionnaires ou aventuriers ont alors visitée. Ce n'est pas Angkor Vat, où de nombreuses inscriptions attestent à la même période l'activité pieuse de multiples donateurs: le grand temple, brahmanique à l'origine, est devenu le sanctuaire bouddhiste qu'il est toujours.

L es récits du XVIᵉ siècle ne mentionnent pas les baray dont avait parlé Tcheou Ta-Kouan mais parlent de la navigation sur les canaux dans Angkor Thom.

L'Occident au Cambodge?

Au temps des Grandes Découvertes, le Cambodge n'intéresse guère l'Occident. Ni puissant ni riche, à l'écart des routes de l'or et des épices, il n'attire ni les grands marchands ni les conquérants. Seuls quelques trafiquants, quelques aventuriers et quelques missionnaires y séjournent parfois à partir du milieu du XVIᵉ siècle, devenant plus

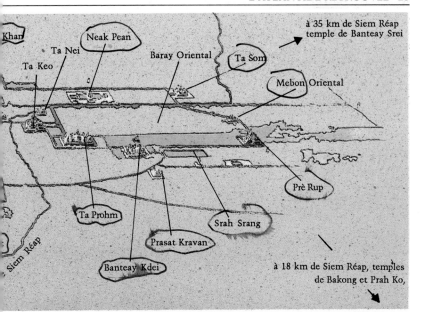

Khan · Ta Nei · Neak Pean · Ta Keo · Baray Oriental · Ta Som · Mebon Oriental · à 35 km de Siem Réap temple de Banteay Srei · Prè Rup · Ta Prohm · Srah Srang · Prasat Kravan · Banteay Kdei · Siem Réap · à 18 km de Siem Réap, temples de Bakong et Prah Ko,

nombreux à la fin du siècle, lorsque des rois du Cambodge font appel aux Portugais de Malacca puis aux Espagnols de Manille. Les expéditions espagnoles se terminent mal mais elles ont attiré l'attention sur le pays. On lui consacre des livres entiers ou des chapitres, et la Ville y a sa place. Les soldats de fortune et les trafiquants ne sont guère gens de plume mais on colporte leurs aventures. Les missionnaires envoient à leurs supérieurs des lettres souvent circonstanciées.

Ces récits sont utilisés par des polygraphes portugais et espagnols qui ont appris par eux l'existence de la ville retrouvée, «une chose très exceptionnelle qui peut être tenue pour l'une des Merveilles du monde», dit l'un d'eux. Un autre confesse qu'il a hésité à décrire ce qui lui a paru être la «cité fantastique de *l'Atlantide* de Platon ou celle de sa *République*» mais il a dû s'incliner devant le témoignage irréfutable des religieux. Bref, dans l'ensemble de leurs ouvrages, l'admiration le dispute à l'étonnement.

Le site d'Angkor s'étire sur une cinquantaine de kilomètres d'est en ouest. Mais les monuments les plus importants se regroupent le long du cours – très artificiel – de la rivière de Siem Réap. Au nord, Angkor Thom (3 km de côté), la dernière ville construite par Jayavarman VII. Au sud, le Phnom Bakheng, centre probable de la «première» Angkor, dont la douve n'est conservée qu'au sud-ouest. Plus au sud encore, Angkor Vat (le «monastère de la Ville») qui n'est pas une ville mais un très vaste temple.

La Ville retrouvée

La Ville est d'abord, plus encore que pour Tcheou Ta-Kouan, une belle et vaste forteresse de quatre lieues de tour. Sa muraille est d'une construction extraordinaire : les pierres en sont parfaitement jointes, sans mortier, et la latérite rugueuse devient parfois – merveille oblige – marbre poli; si le glacis intérieur est bien noté, en revanche le mur devient crénelé – à l'européenne – et ses merlons ont les formes de toutes sortes d'animaux. Les portes sont belles, même si personne ne note les visages qui les surmontent; la chaussée qui traverse la douve en avant de chacune d'elles a excité l'imagination : les dieux et les démons – les «généraux de pierre» de Tcheou Ta-Kouan – deviennent souvent des atlantes.

L'intérieur de la Ville relève le plus souvent du cliché : il est question de «maisons en pierre, fort belles, distribuées en rues avec beaucoup d'ordre», de «rues faites de plaques de marbre» ou encore de «plusieurs monuments d'albâtres et de jaspes». Certains auteurs mentionnent un «ancien palais royal» ou placent au centre de la ville «un temple des plus extraordinaires encore inachevé» ou un «grand temple aux idoles» : sans doute le Bayon, bien que,

❝ Des parapets en pierre ajourée semblable à du marbre, avec par-dessus un beau cordon très bien construit sur lequel il y a, chevauchant à intervalles réguliers, des géants de pierre.**❞**
Diogo do Couto

comme dans le cas de Tcheou Ta-Kouan, l'oubli des visages puisse surprendre. D'autres placent dans la ville un «temple à cinq pics», formule qui convient sans doute mieux à Angkor Vat, le grand temple hors les murs. Plusieurs ont été frappés par le réseau de canaux intérieurs sur lesquels on circule.

La ville est tellement merveilleuse qu'on en oublie ses environs. Angkor Vat, qui déborde d'activité à cette époque, ne s'identifie bien que dans deux descriptions dont celle, longtemps restée inédite, du Portugais Diogo do Couto.

Il n'est guère question des autres monuments. Diogo do Couto place autour de la Ville «de nombreux temples qui semblent avoir été des sépultures des seigneurs de ces royaumes» comme Angkor Vat «celle des rois qui le firent construire».

Le travail des polygraphes s'efforçant de décrire les monuments «bizarres» qu'ils n'ont jamais vus n'est guère différent de celui des peintres qui, comme Desiderio au XVIIe siècle, s'attachent à figurer les Enfers. Il en résulte des textes de valeur inégale, souvent brefs, inexacts sur bien des points mais avec des détails parfois fort précis qui témoignent d'une enquête sérieuse des informateurs.

Mais qui donc a construit la Ville?

Diogo do Couto, qui fournit ainsi une explication sur la nature des monuments, est le seul qui en donne une histoire point trop «merveilleuse». Les murs portent des inscriptions en langue indienne qui indiquent qu'elle fût construite «sur les ordres de vingt rois» et que «sept cents années y furent consacrées».

Pour les autres, les inscriptions sont indéchiffrables. Les hypothèses qu'ils proposent font la part belle à leur formation classique ou biblique. Les uns évoquent Alexandre le Grand, les Romains, Trajan, un autre les juifs de Chine... Pour tous, il est évident qu'Angkor n'a pu être construite par les Cambodgiens «actuels». Cette idée aura la vie dure; reprise par de nombreux auteurs du XIXe siècle, elle fera partie du «mystère d'Angkor».

Des héritiers bien conscients

Pour les Cambodgiens – en dépit de l'ignorance que leur attribuent leurs visiteurs – la chose ne fait pas de doute : ce sont les ancêtres du roi qui ont bâti Angkor Thom et Angkor Vat.

Angkor Vat est le plus souvent désigné à cette époque par le nom posthume de son constructeur, le roi Sûryavarman II (1113-1150 env.). C'est à lui qu'on se réfère lorsque vers le milieu du XVIe siècle on complète des bas-reliefs, bel exemple de continuité historique sans faille. Au XXe siècle, on attribua tout d'abord cet achèvement à des artisans chinois; il s'agissait certes de l'impression d'un historien d'art fondée sur des considérations stylistiques, mais l'idée que les Cambodgiens «post-angkoriens» en auraient été incapables n'était pas loin.

Gravées dans une écriture d'origine indienne, les inscriptions khmères sont en sanskrit ou en khmer mâtiné de sanskrit et de pâli. On peut se demander si la référence à l'Inde que donne Diogo do Couto est le résultat d'une bonne information, d'une intuition géniale ou d'un rapprochement presque fortuit avec un monde mieux connu que ne l'était le Cambodge.

A la fin du XVIIe siècle, en Occident, si l'on oublie le Cambodge, le Siam est à la mode : ci-dessous barques royales, ou «ballons» du roi du Siam (dessin de 1688).

La Rome des gentils, la Babel des Indiens

Cependant, les sources cambodgiennes passent sous silence la «découverte» de la Ville et sa réoccupation temporaire par la cour. Les chroniques font tout au plus allusion à une installation du roi Ang Can dans la «province d'Angkor Vat». Ce nom souligne que le centre de gravité de la région a glissé de la Ville murée au grand temple hors-les-murs. Les inscriptions mentionnent peu Angkor Thom et aucun des événements qu'elles commémorent ne s'y déroule. C'est à Angkor Vat «achevé» et restauré que l'on installe des statues, que l'on fait des offrandes, que l'on vient en pèlerinage du Cambodge, du Siam et du Japon. Si la Ville n'est plus capitale du royaume, le grand temple en est devenu le cœur spirituel.

Les rares visiteurs occidentaux de la fin du XVIIe et du XVIIIe ne s'y trompent pas. Dans une lettre de 1668, un missionnaire français, le père Chevreul, écrit que Angkor Vat «est renommé entre tous les gentils de cinq ou six royaumes, comme l'est Rome entre les chrétiens»; les rois des contrées voisines y font pèlerinage même lorsqu'ils sont en guerre, et le roi de Siam y envoie ses ambassadeurs

Diogo do Couto est l'auteur de la plus précise des descriptions d'Angkor au XVIIe siècle. Par un fâcheux concours de circonstances, son texte n'a pas été publié en 1614 comme il aurait dû l'être... mais seulement en 1958.

chaque année. Un autre missionnaire français qui visite Angkor vers 1783 parle dans une lettre en latin de la «Babel des Indiens, centre des superstitions»...

Le premier plan d'Angkor Vat

En 1911, un savant japonais, professeur à la faculté du Génie civil de l'université de Tokyo, de passage à Hanoi, rend visite à l'Ecole française d'Extrême-Orient où lui sont montrés différents documents concernant Angkor. Il est intrigué par le plan d'Angkor Vat et en particulier par la grande terrasse cruciforme, «disposition que ne présente aucun autre monument», lui dit-on. Il se souvient d'avoir remarqué quelque chose de semblable sur un ancien plan conservé au Japon et représentant un monument non identifié. A son retour au Japon, il recherche ce plan et le retrouve.

C'est à peu près en ces termes que, quelques années plus tard, un japonologue français narre la «découverte» du plus ancien plan d'un monument d'Angkor, qui plus est d'un plan d'Angkor Vat, dessiné au XVIIe siècle par un pèlerin japonais et recopié en 1715.

Bien attestée, la présence de marchands japonais au Cambodge et au Siam au début du XVIIe siècle peut expliquer qu'un pieux bouddhiste japonais se soit rendu à Angkor et qu'il en ait ramené les éléments d'un plan du grand temple. Plus étrange est la confusion d'Angkor Vat et du monastère du Jetavana, haut lieu de la vie du Bouddha en Inde. Si notre pèlerin s'est rendu à Angkor, c'est peut-être tout simplement parce qu'il pensait marcher sur les pas du Bouddha. En effet, l'Inde est lointaine et suffisamment mal connue des milieux bouddhiques japonais du début du XVIIe siècle, pour que circule parmi eux l'idée que le Magadha, berceau du bouddhisme, se trouve où nous plaçons le Siam et le Cambodge. Arrivé au «Magadha» tel le lama de *Kim* cherchant sa rivière, le pèlerin se rend pieusement à ce merveilleux monastère dont on parle tant. La foi aidant, il reconnaît le Jetavana décrit dans de vieux textes chinois. Est-il étonné de son excellent état?

Aucun des noms d'Angkor ni même du Cambodge n'apparaît dans la légende du plan japonais. Elle situe même le monument ... en Inde puisqu'elle l'identifie au «monastère du Jetavana» dans l'ancien pays de Magadha (le Bihar actuel). Mais au-delà de la disposition générale qui avait attiré l'œil au départ et de l'orientation à l'ouest – une particularité d'Angkor Vat – de précieuses indications portées sur le plan viennent ôter tous les doutes que l'on pourrait avoir. Les plus remarquables concernent les bas-reliefs de la troisième galerie. Ainsi celle qui signale : «sculptures en relief : quatre dieux tirent la corde», claire allusion au Barattage de l'océan figuré sur le mur de la galerie ouest d'Angkor Vat, même s'il y a une petite erreur d'orientation et si les baratteurs sont nettement plus nombreux sur le bas-relief.

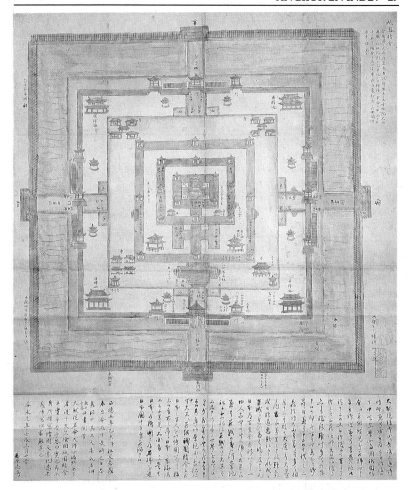

Les premiers pèlerins chinois au pays du Bouddha n'ont-ils pas parlé de la décrépitude du monastère du Jetavana à leur passage? Certes, mais quel miracle que de retrouver debout ce qu'on croyait ruiné!

Quoi qu'il en soit, on doit sans doute à la subtile combinaison d'une ignorance de la géographie et d'une foi profonde ce premier document graphique sur Angkor, établi quelque part entre 1623 et 1636.

Le plan fut sans doute mis au net par un «artiste» après le retour du pèlerin au Japon, et copié ensuite.

«Nos lecteurs ont pu juger de l'intérêt des journaux de Mouhot en même temps que de la beauté des dessins dont il avait formé un riche portefeuille. Ses courses dans le Kambodje et les provinces de Siam ne présentent pas un développement de moins de huit cents lieues dans l'espace de trois années. C'est, au total, un des voyages les plus importants et les plus instructifs que possède aujourd'hui l'Europe sur la péninsule indochinoise.»

Vivien de Saint-Martin,
le Tour du Monde, 1863

CHAPITRE II
LE «DÉCOUVREUR»

Premières images d'Angkor en Europe, les dessins de Mouhot traduits par les graveurs.

Nokhor ou Ongcor était la capitale de l'ancien royaume du Cambodge, si fameux autrefois parmi les grands états de l'Indo Chine que les seules traditions, dire qui restent dans le pays, rapportent qu'il comptait 120 rois tributaires, une armée de 5 à 6 millions de soldats, & que les bâtiments du trésor royal occupaient un espace de plus de cent lieues.

Bangkok, fondée au XVIIIᵉ siècle, combine très tôt dans son architecture des constructions de style européen (en haut sur l'image) et d'autres très traditionnelles, analogues à ce que Tcheou Ta-Kouan avait vu à Angkor.

Le texte de Tcheou Ta-Kouan est connu en Europe à la fin du XVIIIᵉ siècle grâce à une traduction partielle due aux missionnaires jésuites de Pékin, publiée à Paris en 1789 (ci-dessous). En 1819, Abel Rémusat donne une traduction plus complète et plus

exacte. Elle sert de référence jusqu'à la parution, en 1902, de celle du grand sinologue Paul Pelliot, qui s'appuie sur une bien meilleure connaissance d'Angkor que ses devanciers.

Angkor vu de Bangkok

Lorsque, en 1819, le sinologue Abel Rémusat publie sa traduction de Tcheou Ta-Kouan, la connaissance du Cambodge et singulièrement d'Angkor ne s'est pas améliorée. Les occasions ne manquent pas pourtant d'éclairer l'Europe. Des missionnaires français sont installés non loin d'Angkor, dans la province de Battambang. Ils connaissent la Ville, l'ont parfois visitée, mais leurs lettres – comme celle qui parlait de la «Babel des Indiens» – restent enfouies dans des archives confidentielles. Peut-être n'était-il pas opportun d'accorder trop d'importance et de publicité à ce «centre des superstitions»...

La situation a changé dans la région. En ces années 1820, le Siam s'ouvre largement à l'Europe. La colonie occidentale de Bangkok se développe. L'annexion des provinces cambodgiennes de Battambang et d'Angkor en 1794 a sans doute renforcé les relations de la cour siamoise avec le grand temple. On pourrait donc penser que les rapports envoyés de Bangkok sur le Siam et ses possessions sont bien documentés. Ce n'est pas exactement le cas à lire la *Description du royaume thaï ou Siam* (publiée en 1854), considérée comme le meilleur ouvrage occidental de l'époque sur le Siam.

Son auteur, Mgr Pallegoix, un savant missionnaire, y a longtemps séjourné. Les quelques lignes qu'il consacre aux «ruines merveilleuses de Nokorvat» (nom siamois d'Angkor Vat), combinent un bref rappel des légendes cambodgiennes sur l'origine du temple et une description vague de monuments construits «en marbre ciselé». Ce marbre chagrine : il figurait déjà chez les vieux polygraphes, où le missionnaire a sans doute puisé sa description.

Cependant, certains étaient sans doute plus curieux. Des membres de la colonie anglo-saxonne de Bangkok s'aventurent jusqu'à la Ville. L'un d'eux a le mot de la fin : sonder cette «merveilleuse énigme», est un défi offert à la sagesse du monde... L'Europe avait enfin une raison de s'occuper d'Angkor.

Un missionnaire en promenade

Pour le père Charles Bouillevaux (1823-1913), l'arrivée au Cambodge est une libération. Il a passé près de deux ans en Cochinchine à se cacher dans des communautés chrétiennes persécutées. L'accueil

"Il me semblait être un de ces apôtres des premiers siècles, cachés au fond des catacombes, avec quelques fidèles, et sur la tête desquels était continuellement suspendu le glaive des persécuteurs."

Ainsi Bouillevaux raconte-t-il ses premiers contacts avec les chrétientés de Cochinchine. Cependant, il n'a pas connu le sort de son confrère Pierre Borie, décapité au Tonkin en 1838 (ci-dessous).

hospitalier d'un peuple simple et ouvert et d'un roi débonnaire, la liberté de pratiquer sa foi et de circuler à loisir, tout cela compense largement le peu d'espoir de convertir les foules.

On ignore ce qu'il savait du monde angkorien avant de l'aborder, mais il est évident à le lire qu'il n'est pas étonné. La visite de temples proches de Battambang puis celle d'Angkor, suscitent l'admiration du touriste, mais non la surprise de l'explorateur. S'il se rend à Angkor, c'est bien parce que c'est là qu'il faut aller «pour apprécier la richesse et la civilisation de l'ancien royaume du Cambodge». En d'autres termes, la visite d'Angkor est le passage obligé pour les missionnaires dans la région.

Décembre 1850 : le premier touriste

Des deux jours passés à Angkor, Bouillevaux ramène un court récit publié en 1858. Seize ans plus tard, il l'enjolive par des emprunts à ses successeurs, ceux mêmes qu'il accuse de prétendre avoir découvert Angkor. Remontant le long de la rivière depuis le Grand Lac, il traverse la petite ville moderne de Siem Réap, pénètre dans la forêt et débouche sur la chaussée ouest d'Angkor Vat. La douve et le grand pavillon d'entrée franchis, son admiration n'est pas feinte.

L'inhabituel le frappe, mais la bizarrerie de l'ensemble ne l'empêche pas de trouver ce monument «grandiose et magnifique». Bon technicien de la religion, il note la différence entre un temple bouddhique et une église, et signale, à côté des statues

B ouillevaux se sent bien au Cambodge. Pendant deux ans il étudie le pays, sa langue et ses mœurs à l'occasion des tournées qu'il fait chez ses confrères dispersés à travers le pays. Remontant le Mékong, il ira chez les «Sauvages», ces montagnards plus aisés à convertir que les Khmers bouddhistes de la plaine. Traversant le Grand Lac, il se rend dans les provinces annexées par le Siam ; pour lui comme pour tout le monde, elles font partie du Cambodge, même si le royaume a dû les céder à son puissant voisin. Un aimable confrère lui fait rencontrer la civilisation angkorienne à travers quelques monuments proches de Battambang.

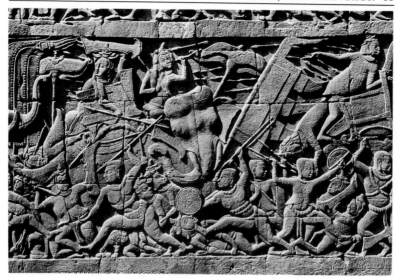

du Bouddha «d'autres statues de divinités indiennes», preuve qu'en bon missionnaire il connaît quelque peu les différents panthéons des gentils.

Gagnant l'enceinte d'Angkor Thom, il souligne le bon état de la porte sud, mais ce n'est que dans la version enjolivée de son récit qu'il mentionne les «cinquante géants de pierre» : noyés dans la végétation, ils lui ont échappé comme à Mouhot dix ans plus tard.

Un phénomène analogue se produit à propos du Bayon : son premier récit ne mentionne que les bas-reliefs. Dans la seconde version, il est question des «immenses têtes de Bouddha», «fantaisie architecturale [...] qui rappelle un peu le goût égyptien». Cette Egypte vient tout droit de la description des portes d'Angkor Thom par Mouhot.

Juste retour des choses, Mouhot empruntera à Bouillevaux sa formule finale de touriste nostalgique et fatigué : «Un certain sentiment de tristesse commençait à émousser ma curiosité. Il est en effet peu de sensations plus tristes que celles qu'on éprouve en voyant déserts des lieux qui ont été jadis le théâtre de scènes de gloire et de plaisir.»

La galerie extérieure du Bayon est en partie consacrée à des scènes historiques, telle cette bataille entre les Khmers (tête nue) et les Chams (reconnaissables à leur coiffure complexe).

«Sur les murs entièrement sculptés, je vis des combats d'éléphants, des hommes luttant avec la massue et la lance, d'autres tirant de l'arc et trois flèches partant à la fois.**»**

Charles Bouillevaux,
Voyage dans l'Indochine,
1854

L'invention des images

Le touriste en chambre qui, vers 1860, visite Angkor à travers Bouillevaux ou Tcheou Ta-Kouan n'est guère mieux loti que les vieux polygraphes portugais ou espagnols. On lui parle de bizarre, de merveilleux et de grandiose, mais où conduire son imagination? Vers les Pyramides, les temples de l'Inde ou les pagodes chinoises, tous déjà abondamment représentés? Il lui manque l'image.

Cette image, c'est Henri Mouhot qui la donne, le passionné qui dessine, qui peint et même photographie – hélas pas en Asie. Les éditeurs français de ses carnets ne s'y trompent pas. Les abonnés du *Tour du Monde* – la revue qui en a la primeur dès 1863 –, comme plus tard les lecteurs de la Bibliothèque rose, y trouveront surtout les émois d'un explorateur romantique, illustrés de remarquables gravures. La plupart des descriptions minutieuses préparées par ce naturaliste précis seront purement et simplement renvoyées aux oubliettes de l'édition anglaise. Ces fantaisies d'éditeurs expliquent que, quelques années plus tard, on ait jugé que «le sentiment de l'art que respire le *Journal* [de Mouhot] fût insuffisant pour faire apprécier le côté technique de cette architecture».

Voir Angkor et mourir

Né en 1826 à Montbéliard, fils d'un employé du Trésor, Henri Mouhot est un précoce. Dès l'âge de dix-huit ans, il va en Russie jouer au précepteur dans une école de cadets et visite le pays en tous sens, mais la guerre de Crimée qui s'annonce le fait rentrer en France en 1854. Pendant deux ans il sillonne l'Europe avec son frère, multipliant les daguerréotypes.

En 1856, les deux frères passent en Angleterre, épousent les nièces de Mungo Park et s'installent à Jersey. Là, Henri Mouhot se livre à sa passion des sciences naturelles. A la lecture d'un récent ouvrage anglais sur le Siam, il ébauche le projet d'une expédition botanique. Faute de trouver des commanditaires en France, il s'adresse à la Royal Geographical Society de Londres qui lui

D e la vie quotidienne des paysans du Doubs aux éléphants des plateaux laotiens, en passant par les cartes de ses explorations, Mouhot a tout dessiné. Seuls quelques-uns de ses originaux sont accessibles.

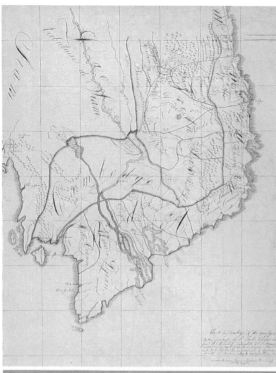

Dans les montagnes de l'est du Cambodge, Mouhot rencontre des «Sauvages», ces peuples que les Cambodgiens de la plaine «appellent encore leurs frères aînés» et dont les qualités lui semblent être «les germes perpétués d'une civilisation éteinte». Plus tard, il reconnaît leurs traits sur les bas-reliefs d'Angkor et il pense que ces différents peuples dominaient autrefois les pays d'Indochine. Il en voit une preuve dans le tribut versé régulièrement par les souverains du Cambodge et de Cochinchine au «roi du feu» d'un de ces peuples, celui des Jarai. Et le naturaliste ethnologue conclut par une éblouissante présentation de «cette ombre de souverain» à qui «aurait échu la succession des fondateurs d'Angkor».

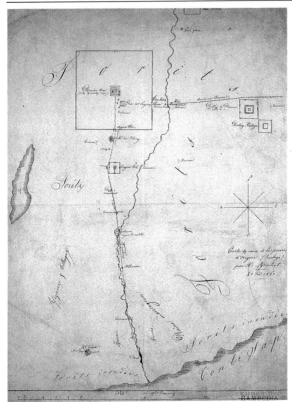

L'étendue du travail de Mouhot se voit sur la carte qu'il a dressée de la région d'Angkor mais qui est restée curieusement inédite jusqu'à sa publication par Ch. Pym en 1966. Elle soutient avantageusement la comparaison avec celle, plus élaborée, qu'établissent, quelques années plus tard, les membres de l'expédition de Doudart de Lagrée. On y trouve la plupart des grands monuments, dont certains, comme Prah Khan, Ta Prohm et quelques autres, ne sont même pas mentionnés dans l'édition française de Mouhot. Quant aux erreurs, comme l'excentrement du Bayon, elles ne seront corrigées qu'au début du XXe siècle.

accorde une mission précieuse mais gratuite. Nonobstant il engage, semble-t-il, la fortune familiale et s'embarque en avril 1858. En septembre il arrive à Bangkok, point de départ de quatre voyages d'exploration. Le second, le plus long (décembre 1858-avril 1860), le conduit au Cambodge et à Angkor. Le dernier le mène au Laos. Il meurt d'épuisement le 10 novembre 1861 à l'est de Louang-Prabang.

Un naturaliste sans prétention

Naturaliste dans l'âme – n'a-t-il pas découvert le *Mouhotia Gloriosa*, un bien beau scarabée –, Mouhot est d'une curiosité aussi large que généreuse. Angkor n'est pas son sujet; il y va comme par accident, selon

le même itinéraire que le père Bouillevaux, et conduit par un missionnaire auquel il témoigne largement sa gratitude. Il ne prétend pas y être le premier; il mentionne au contraire ses devanciers et cite même Bouillevaux.

S'il s'efforce de décrire ce qu'il y a «vu et senti», c'est dans «le seul espoir de contribuer à enrichir d'un nouveau champ le terrain de la science» et «sans la moindre prétention en science architecturale non plus qu'en archéologie».

Les temples n'occupent finalement qu'une place très réduite dans les écrits et les dessins de Mouhot. Ne dit-il pas de ses essais archéologiques qu'ils sont ses «délassements, le repos du corps après les fatigues de l'esprit»? Le naturaliste qu'il est sait mettre en valeur des dessins minutieux d'animaux en les situant dans des cadres pittoresques et anecdotiques.

Romantisme et précision

A lire la version «française» de ses carnets, celle qui fit et qui fait sa réputation en France, Mouhot ne décrit pas vraiment, il admire et dessine. Le lyrisme de son écriture – il se plaint de n'être ni Chateaubriand ni Lamartine – ne l'empêche pas d'être d'une précision parfois très technique. Le «marbre» avait disparu chez Bouillevaux, il était devenu de la «pierre». Ici la «pierre» est, selon les cas, «grès» ou «concrétions ferrugineuses» (ce que nous appelons maintenant latérite).

Peintre – regrettant de n'être Claude Lorrain –, il admire le jeu des couleurs et des formes à Angkor Vat : azur du ciel, vert de la forêt, architecture à la fois élégante et majestueuse.

Il admire aussi le travail

Angkor Vat n'a jamais été une ruine pittoresque engloutie dans la forêt. Lieu de culte toujours entretenu et fréquenté, il a conservé intacte sa majestueuse et régulière ordonnance. Mouhot et d'autres après lui s'attachent à le présenter dans de vastes compositions où l'esprit européen retrouve son propre classissisme, à peine tempéré par quelques détails couleur nature.

des hommes, du «Michel-Ange de l'Orient qui a conçu une pareille œuvre», cherchant «partout des difficultés pour avoir la gloire de les surmonter».

Mouhot est déjà mort lorsque, en 1862, ses lettres sur le Cambodge sont lues en séance à la Royal Geographical Society. Il y disait quelques mots des «superbes ruines d'Angkor», dont il promettait une description, et s'étendait sur les richesses naturelles du Cambodge : bois, mines, etc. Préparée par des membres de la Society, la traduction anglaise de ses carnets paraît deux ans plus tard, précédée d'une préface de son frère qui le sacre «découvreur» d'Angkor. Les éditeurs français sont plus prudents et le terme de «découverte» n'est pas utilisé dans la présentation du feuilleton de 1863 ni du livre publié en 1868. Mais petit à petit le mot fait son chemin et devient parole d'évangile.

M ouhot est enterré dans la forêt laotienne mais son texte fait toujours rêver. Expurgé de ses longueurs, il fut une référence agréable pour le lecteur soucieux de replacer dans son cadre l'aventure coloniale ou pour le féru d'exotisme. Pour ceux que les hasards d'une carrière militaire ou administrative conduisirent au Cambodge, c'est l'ouvrage où ils ont découvert Angkor : «Pour nous Européens – comme le disait superbement Moura, le second résident français au Cambodge –, la nouvelle de l'existence de ruines grandioses au Cambodge fut une découverte lorsqu'elle nous fut signalée.»

La fin des aventures individuelles

Bouillevaux était venu en touriste, Henri Mouhot
n'avait que l'appui chaleureux mais gratuit d'une
société savante et les quelques promeneurs anglo-
saxons qui avaient visité Angkor avant eux ou à peu
près en même temps l'avaient fait de leur propre
initiative. Les choses changent désormais :
l'exploration systématique d'Angkor qui débute sera
faite «sur ordre», par des équipes ou des individus au
service d'instances officielles qui organisent et
financent les expéditions. Celles-ci seront toutes
françaises mais les rares aventuriers qui marchent sur
les pas de Mouhot sont des étrangers : parmi eux, un
géographe allemand et un photographe anglais.

Un géographe indianiste

Géographe ou plus exactement ethnographe,
A. Bastian est un grand voyageur qui publie de
nombreux volumes sur ses tournées en Asie. Il fait
une visite très approfondie de la région d'Angkor, où
il voit de nombreux monuments et dont il dresse une
carte où apparaissent pour la première fois les
monuments de Roluos (au sud-est d'Angkor).

Bastian est un des premiers également à distinguer
nettement les temples-montagnes des temples

En février 1866,
Thomson arrive
à Angkor en
compagnie d'un
employé du consulat
britannique de
Bangkok et y
rencontre Doudart de
Lagrée. Conquis par
Angkor Vat, il en
prend une trentaine
de clichés (dont le
premier panoramique
ci-dessus). Au Bayon,
la découverte
progressive des tours
à visages à travers la
végétation le fascine.

«à plat» dont il fait des palais. Son principal mérite cependant est d'avoir proposé une série de références indiennes pour expliquer l'origine de l'architecture et de l'iconographie des monuments khmers.

Le premier photographe

Thomson passe dix années à photographier paysages, monuments et habitants de l'Asie orientale. Mais il ne se contente pas d'être un bon photographe, il a beaucoup lu (il cite Tcheou Ta-Kouan) et beaucoup regardé au cours de ses voyages. Rapprochant Angkor Vat des temples vus en Chine et surtout en Indonésie, il propose de voir dans les temples-montagnes khmers une représentation symbolique du cosmos tel que le décrivent les textes indiens : la pyramide centrale est l'axe du monde, le mont Meru, et la douve l'océan primordial. Le détail de son argumentation est sans doute discutable, mais l'idée fondamentale est là, que des indianistes développeront beaucoup plus tard.

A son retour en Europe, il montre ses photos au savant James Fergusson qui peut ainsi dès 1867 intégrer l'architecture khmère à son *Histoire de l'architecture universelle*. Pour la première fois sans doute, l'art khmer passait des mains d'amateurs de goût à celles d'un archéologue réputé, admiratif et perplexe.

❞ Pour l'historien d'art, la merveille est de trouver des temples avec une combinaison de style si singulière en un tel lieu – des temples indiens construits avec des piliers dont le dessin est presque parfaitement classique [ailleurs Ferguson dit "dorique"], et décorés de bas-reliefs d'un caractère si étrangement égyptien. ❞

James Ferguson,
History of Indian and Eastern Art,
1876

«Du haut de cette pagode, je découvrais un immense et fertile pays.» Le souffle épique du vice-amiral Bonard, gouverneur commandant en chef en Cochinchine, est bien d'actualité sous Napoléon III. Mais que faisait-il au troisième étage d'Angkor Vat en septembre 1862?

CHAPITRE III
L'EXPLORATION

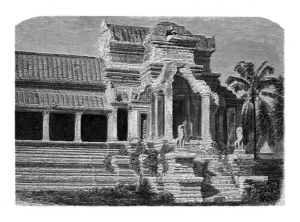

Au XIXe siècle, la France cherche à peupler son nouvel empire. Angkor Vat se fait parfois bucolique, comme pour attirer de futurs colons que le mystère d'Angkor inquiéterait...

Après le sac du palais d'Eté

Au moment où Mouhot visite Angkor, l'Europe vient d'ouvrir les ports de la Chine. Ses ambitions ne s'arrêtent pas là. Pourquoi ne pas s'introduire au cœur de l'empire par son flanc sud, par cette Indo-Chine qu'on sait morcelée en Etats rivaux et souvent agonisants. La France s'est déjà manifestée en Annam pour la sauvegarde de ses missionnaires et de ses marchands. Elle frappe un grand coup et s'installe sur

L'installation de la France en Indochine s'accompagne d'une mise en condition de l'opinion à laquelle participe largement la presse périodique, de la *Revue maritime et coloniale*, organe officieux du lobby colonial, au *Tour du Monde*, en passant par l'*Illustration* (ci-dessous), qui se sous-titre modestement «Journal universel».

les bouches du Mékong en Cochinchine. Cela suffit-il? Le royaume du Cambodge barre le grand fleuve sur la route de Chine; à l'ouest du Cambodge il y a le Siam, où les rivaux anglais ont su les premiers s'imposer. Voilà pourquoi, trois mois à peine après la conquête de la Cochinchine, son gouverneur est à Angkor.

Pour lui, le spectacle d'Angkor Vat ne laisse aucun doute: on ne peut plus «nier que le misérable Cambodge d'aujourd'hui a nourri et peut nourrir encore un grand peuple artiste et industrieux». La conclusion est importante. Argument pour une installation de la France au Cambodge, elle explique l'intérêt officiel porté très tôt à Angkor et annonce son utilisation, surtout celle d'Angkor Vat, comme symbole d'une politique coloniale restaurant aux peuples leur grandeur passée.

L'amiral Bonard qu'on voit ici reçu à Hué est le premier de ces amiraux qui «règnent» sur l'Indochine de la seconde moitié du XIXᵉ siècle. Le rapport de sa visite à Angkor est publié dans la *Revue maritime et coloniale* en 1863, avant même la parution du récit de Mouhot dans le *Tour du Monde*. Il semble n'avoir vu qu'Angkor Vat, dont les «guipures et les sculptures» lui évoquent – courtisanerie peut-être – le Louvre qu'on achève au même moment. Le franchissement des enceintes successives lui suggère une progression vers le divin: «On voit qu'en y pénétrant on voulait inculquer au fidèle, matériellement, qu'il allait passer à un degré d'initiation plus élevé.»

Le mot d'ordre est donné : Angkor fera partie du domaine français avec le royaume du Cambodge qui y entre par le traité de protectorat de 1864

La France renonce officiellement au retour – un moment espéré – des provinces annexées; il ne se fera qu'en 1907. Pour le moment, qu'importe, à défaut de posséder Angkor, on l'étudiera, on la décrira et on s'en servira pour défendre en Europe une politique que tout le monde n'approuve pas.

Certes, Angkor est au Siam, avec lequel la France entretient des relations difficiles, mais qui ne semble pas prendre ombrage de cette mainmise, en dépit de l'attachement ou tout au moins de l'intérêt que le roi porte à l'ancienne capitale et à ses temples.

Il y a aussi les éternels rivaux, les Anglais, bien implantés à Bangkok. Ainsi, la présence d'un diplomate anglais aux côtés de Thomson inquiète. La grande crainte des Français est d'être devancés non seulement à Angkor mais surtout en Chine où l'on se prépare à aller.

Le projet d'une exploration du cours du Mékong se fait jour

Il s'agit de se rendre compte si le fleuve est bien navigable et s'il peut constituer une voie de pénétration en Chine. En 1866, une expédition est mise sur pied, la Commission d'exploration du Mékong. On la confie à Doudart de Lagrée qui, depuis trois ans, représente la France au Cambodge. Son programme comprend l'établissement des «limites de l'ancien Cambodge d'après les traditions recueillies et d'après la position des principales ruines». Pour familiariser ses compagnons avec les monuments qu'ils auront à reconnaître, Doudart de Lagrée obtient que l'expédition fasse un court crochet par Angkor (qu'il est le seul à avoir visité) avant de commencer la remontée du fleuve. Il meurt en 1868 au Yunnan (Chine méridionale) avant la fin du voyage. C'est Francis Garnier, son second, qui ramène l'expédition à bon port et qui plus tard, en 1873, en publie les résultats dans un ouvrage dont nous abrégerons ici le titre en *Voyage d'exploration*.

Doudart de Lagrée visite deux fois Angkor avant d'y conduire la Commission. C'est alors qu'il lève les premiers plans précis de temples d'Angkor avec l'aide du premier maître mécanicien, Laederich, dessinateur précis et méticuleux. Jusqu'à une date très récente, les seuls plans publiés de beaucoup de monuments importants ont été ceux que Laederich avait préparés pour Doudart et, plus tard, pour Delaporte!

Un travail d'équipe

Polytechnicien sorti dans la marine, Ernest Doudart de Lagrée (1823-1868) arrive au Cambodge dès 1863. A la tête d'une flottille et de quelques marins, il doit préparer le roi Norodom au traité de protectorat et, après la signature de ce dernier (1864), en surveiller l'application. Cet homme actif ne perd pas son temps. Tout en négociant avec le roi, il apprend le cambodgien, recueille d'anciennes chroniques et surtout sillonne le pays avec ses marins. Le but de ces voyages, qui comprennent d'ailleurs des «excursions» très officielles dans les provinces annexées par le Siam, est d'affirmer la présence et la puissance de la France et aussi d'accumuler les documents pour mieux connaître et faire connaître le nouveau domaine qu'elle a pris en charge. La visite des ruines et des monuments entre tout naturellement dans le programme de cet esprit méthodique qui, autrefois, a profité de la guerre de Crimée pour se rendre sur les sites homériques d'Asie mineure.

Avec lui, la Commission comprenait cinq membres, qu'une photo célèbre montre sur le perron de la chaussée d'Angkor Vat. L'image est due à Gsell, photographe «civil» et le seul à avoir été recruté

E ntre Doudart à gauche et Francis Garnier à droite, Louis de Carné, diplomate et surtout neveu de l'amiral de La Grandière, gouverneur de la Cochinchine, les deux médecins de la marine Clovis Thorel (botaniste) et Eugène Joubert (géologue) et enfin Louis Delaporte officier de marine comme Doudart et de Carné. C'est la rencontre de Thomson à Angkor qui a donné à Doudart l'idée de s'adjoindre un photographe.

spécifiquement pour Angkor : il y prendra des vues des temples et n'ira pas plus loin. Les autres sont des hommes jeunes aux capacités multiples : on avait dit à Doudart que ce serait une «commission non scientifique mais composée d'hommes de bonne volonté» et qu'on avait «renoncé à envoyer des savants qui suivant leur noble habitude auraient été ahuris et fatigués au bout de huit jours».

Un programme scientifique

En décembre 1864, un haut fonctionnaire de Saigon avait écrit à Doudart : «J'espère que vous irez à Angkor et que, après votre course, vous m'enverrez un beau récit d'un voyage pittoresque, émaillé d'incidents, illustré de belles moulures [sic pour moulages] inédites et de détails couleur locale, afin de nous concilier les bonnes grâces des artistes et des curieux en Europe.» Cela étant, le programme archéologique de la Commission ne laisse aucun doute sur l'esprit scientifique et minutieux qui doit l'animer. Et c'est celui que Doudart de Lagrée applique lui-même depuis trois ans dans ses reconnaissances à travers le Cambodge, passant «des journées entières à regarder, compter, mesurer».

Il reste à la Commission à compléter et à enrichir le résultat de ces premiers travaux pour aboutir au «Voyage d'exploration», première étude collective et pluridisciplinaire du Cambodge ancien

A Angkor même, Doudart et ses compagnons n'ont pas vu beaucoup plus de monuments que ne l'avait fait Mouhot, mais l'étendue du travail de ce dernier étant restée ignorée des lecteurs français, le *Voyage d'exploration* peut faire illusion : on y «découvre» ainsi des temples «oubliés» lors de la publication de Mouhot. Mais, pas plus que Mouhot, ils n'ont vu les lacs artificiels – ceux qu'on appelle *baray* – qu'avait mentionnés Tcheou Ta-Kouan. En revanche, ils décrivent les trois grands temples de Roluos, déjà signalés par Bastian, le voyageur allemand.

Le progrès est beaucoup plus net dès que l'on s'écarte d'Angkor. Doudart, lors de ses tournées à travers le Cambodge, parcourt à plusieurs reprises

Le *Voyage d'exploration* est, toutes proportions gardées, dans la lignée de la *Description d'Egypte*. Il comprend deux forts volumes de texte : le premier est la relation de voyage, descriptive et illustrée de nombreuses gravures; le second réunit des appendices techniques (observations météorologiques, glossaire cambodgien, etc.). A cela s'ajoutent deux magnifiques portefeuilles in-folio : l'un rassemble les documents «scientifiques» (cartes d'itinéraires, plans et élévations de monuments). L'autre est l'*Album pittoresque*, dû tout entier à Louis Delaporte qui, à travers ses aquarelles et ses lavis, s'est efforcé de faire revivre les paysages et les peuples rencontrés (ci-contre).

le vaste territoire qui s'étend au nord du Grand Lac, entre Angkor et le Mékong. C'est ainsi qu'il va reconnaître la chaussée ancienne qui part d'Angkor vers l'est et que jalonnent de nombreux monuments, dont les plus importants sont Beng Méaléa et le Grand Prah Khan (dit aussi Prah Khan de Kompong Svay ou Prah Khan de Kompong Thom).

Plus à l'est, non loin du Mékong, le temple de Vat Nokor est décrit sous le nom de Phnom Bachei; Doudart attache sans doute plus d'importance qu'il n'en mérite à ce monument du XIIIᵉ siècle fortement restauré au XVIᵉ siècle. Enfin, au cours de la remontée du Mékong, la Commission visite le temple de Vat Phu, sis au flanc d'une montagne dans le Laos méridional, et en donne les premières images.

En s'appuyant sur cette imposante masse de témoignages, Doudart de Lagrée et Francis Garnier rédigent la note de synthèse qui ouvre les chapitres archéologiques du *Voyage d'exploration*. Il s'agit déjà

Delaporte, le dessinateur en titre de la Commission, est plus à l'aise dans les vues pittoresques et les restitutions parfois aventureuses que dans les relevés précis. Mais cette vue des entrées occidentales d'Angkor Vat est dans l'ensemble exacte et très évocatrice; rien n'y manque, ni les éléphants, ni la forêt, ni le marin au travail sous l'œil intéressé du villageois.

de l'ébauche très honorable d'un manuel d'archéologie du Cambodge; un tel ouvrage ne devait voir le jour qu'un siècle après la visite de la Commission d'exploration à Angkor.

Impressions d'artistes

Les plans et coupes qui illustrent le texte sont de qualité inégale : ceux des monuments situés hors d'Angkor ont été levés au cours de visites rapides et non vérifiés. Ceux d'Angkor sont mieux venus – les dessins d'Angkor Vat montrent une belle élévation de Laederich, ou bien encore la coupe du Bakheng due au même dessinateur. Les «vues» de Delaporte sont généralement des restitutions et certaines témoignent d'une forte imagination. Mais si on ajoute à cela les dessins de détails décoratifs et les photos de Gsell, on peut dire cependant que dans l'ensemble, le lecteur du *Voyage d'exploration* pouvait se faire une bonne idée des monuments dont il lisait la description.

Bouillevaux, Mouhot et de nombreux autres ont décrit leur surprise en voyant Angkor Vat au débouché de la forêt : la douve que franchit la longue chaussée, le pavillon d'entrée étiré avec sa triple entrée centrale puis un très vaste espace et au loin, les massifs aux cinq tours surmontant la longue galerie aux bas-reliefs.

Variations sur le Bayon

" Dans un espace resserré, on voit s'élever autour de soi quarante-deux tours de dimensions diverses. Au milieu est une tour centrale plus haute. Chacune des tours porte quatre faces humaines de dimension colossale, qui regardent les points cardinaux. Il faut s'y prendre à plusieurs reprises pour compter ces tours et comprendre leur mode de groupement. **"**

Delaporte illustre cette description du Bayon par Doudart de deux dessins fort différents bien que publiés l'un et l'autre dans le *Voyage d'exploration*. Sur le premier (ci-contre) le Bayon, pourvu d'une base massive et cerné d'une douve qu'il n'a jamais possédée, devient une forteresse couronnée d'une nuée de clochetons grêles où les visages ont bien perdu le caractère colossal dont parle Doudart...

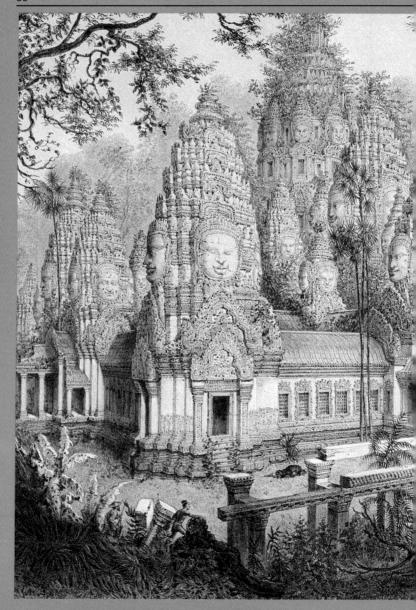

Le Bayon avec tigre

Ce second dessin du Bayon par Delaporte apparaît dans l'*Album pittoresque*. A juste titre : la forêt est profonde et mystérieuse, un tigre traverse la cour du temple; devant lui, les restes d'une galerie effondrée; derrière, le Bayon presque intact (en dépit des arbustes qui pointent sur ses tours), énorme et majestueux. Si finalement l'ensemble est plus proche de la réalité que dans le cas précédent, on est surpris de constater que la galerie à fenêtres et les porches des tours sont empruntés à ... Angkor Vat. On verra plus surprenant encore dans les galeries du Musée indochinois.

Premiers essais de chronologie

Le mélange des genres auquel se livre Delaporte ne doit pas faire croire que l'idée d'une évolution historique de l'art khmer est absente du *Voyage d'exploration*. Au contraire. Les auteurs se livrent, comme Mouhot, à des variations sur le primitif et le décadent encadrant le classique à son apogée, mais ils appuient à l'occasion leurs impressions artistiques sur des considérations historiques. Ainsi Angkor Vat, n'ayant pas été mentionné par Tcheou Ta-Kouan – ils n'y ont pas reconnu la «tombe de Lou Pan» –, ne peut être que postérieur à la fin du XIIIᵉ siècle. Et tout naturellement, en pénétrant au Bayon dont a parlé le Chinois, ils constatent que la construction en est antérieure à Angkor Vat. Ils notent que «néanmoins, à certains détails d'une exécution soignée, à la tendance à couvrir les murs de sculpture, on reconnaît que l'art est en pleine maturité».

Il faudra attendre 1928 pour que le Bayon retrouve sa vraie place dans l'histoire de l'art du Cambodge. Mais le mérite des auteurs du *Voyage d'exploration* est d'avoir reconnu que «l'architecture khmer [sic] est une des plus originales et des plus puissantes». Même si c'est pour ajouter : «La double inspiration qui attache l'art cambodgien à l'architecture grecque et à l'architecture gothique, quoique impuissante à lui faire égaler l'une ou l'autre, doit peut-être faire ranger ses productions immédiatement après les plus grandes œuvres de l'Occident.» L'Europe peut être rassurée, la hiérarchie est sauve : certes, ses nouveaux territoires renferment des merveilles, mais qui n'égalent pas les siennes!

La palme des martyrs, la fibre coloniale et l'intérêt de la science

L'expédition est un échec sur le plan économique, il faut renoncer au beau rêve de voir les produits français envahir la Chine par un Mékong beaucoup

Francis Garnier (1839-1873) est l'homme du panache, de son projet de remonter le Mékong seul avec un ami dentiste en 1863 à sa mort devant les Pavillons noirs (ci-dessous), en passant par son exploration solitaire de la zone située au nord d'Angkor et par la défense de Paris. Cet audacieux est aussi l'auteur d'un essai sur l'histoire du Cambodge et d'une traduction des chroniques royales recueillies par Doudart.

moins navigable qu'on ne l'espérait. Qu'importe. Elle
a ses martyrs : Doudart certes, mais aussi de Carné,
mort en 1871, et surtout Garnier, le héros du Tonkin.
La guerre vient d'affaiblir la France et l'aventure
indochinoise inquiète. Mais le *Voyage d'exploration*
vient à point pour montrer que cette aventure n'est
pas seulement guerrière et mercantile.

Les savants – ceux même qui avaient été exclus
de l'expédition – s'émeuvent. Dans un rapport au
ministre de la Marine, l'Académie des inscriptions
et belles-lettres demande qu'on prenne des mesures
sérieuses pour préserver ces monuments situés dans
un territoire désormais protégé par la France. Le livre
qui vient de paraître, l'examen des documents
rapportés, tout cela montre aussi que,
selon le souhait de Mouhot, un nouveau
champ s'est ouvert à la science
européenne ; elle ne peut plus
se contenter

Doudart n'aime
point Garnier ; ce
n'est que contraint et
forcé qu'il a pris pour
second celui qui devait
lui ériger ce monument
funèbre au Yunnan.

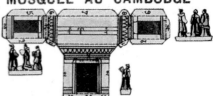

des approximations journalistiques publiées en 1865 par la très savante *Revue archéologique* et empruntées intégralement à un article du *Courrier de Saigon*.

Dans d'autres revues moins confidentielles, Garnier et de Carné ont déjà donné leurs premières impressions. Leurs conclusions ne varient guère, le mystère d'Angkor est dans ses origines. «Enfin quels sont les véritables auteurs d'Angkor-la-Grande et à quelle souche humaine appartiennent-ils?», demande Garnier, cependant que pour Carné «ces sépulcres nous semblent trop beaux pour la race qui y est ensevelie»!

L'invention de la troisième dimension

Le grand public n'a plus à être convaincu de l'existence bien réelle des ruines mystérieuses que lui avaient révélées les dessins de Mouhot. En effet, il peut désormais «voir» et même «toucher» Angkor. Depuis 1867, Angkor est à Paris. Les premiers moulages de Doudart de Lagrée, complétés par ceux – beaucoup plus nombreux – qu'a exécutés la Commission, ont été présentés à l'Exposition universelle et de là ont été transférés à l'Exposition permanente des colonies, où chacun peut les contempler à loisir.

C'est là sans doute l'une des grandes découvertes. La leçon ne sera pas perdue. A chaque exposition, de nouveaux moulages viendront s'ajouter à cette première collection. Du moulage des détails à l'intégration des moulages dans la reconstitution modelée des ensembles, le pas sera vite franchi. La technique connaîtra sa consécration avec les reconstitutions de Delaporte au Musée indochinois, et sa gloire avec les gigantesques Angkor Vat des expositions coloniales du XXe siècle.

Au XIXe siècle, l'Europe moule volontiers ce qu'elle ne peut ramener et Doudart est bien dans le vent lorsqu'il ajoute des moulages aux quelques fragments de sculpture qu'il rapporte de ses premières tournées. Leur présentation à Saigon en 1866 est un succès. Dix ans plus tard, le génie de Delaporte est d'intégrer des moulages originaux à des pseudo-maquettes. L'ensemble obtenu, plus vrai que nature, combine des éléments hétérogènes et ne correspond à aucun édifice précis. Ainsi cette tour (autrefois au Musée indochinois du Trocadéro). Ci-dessus, une «mosquée au Cambodge», ou l'entrée d'Angkor Vat dans l'imaginaire enfantin (Maison Pellerin, Epinal).

Parmi les géants et les monstres de pierre, la foule se presse à l'Exposition universelle. Un géant à cinq têtes et dix bras agrippe un dragon à neuf têtes; un autre, raide et majestueux, semble garder le monde; un lion dressé lance ses griffes, prêt à bondir... Tout autour des moulages, des plans mais surtout des dessins : on y voit, tels des bateaux ivres, des radeaux chargés d'hommes de pierre descendant des torrents parmi les lianes. Sur la rive, attentifs, des explorateurs.

CHAPITRE IV

LA FIN DES EXPLORATEURS

C'est par voie d'eau qu'autrefois les Khmers transportaient les pierres des carrières vers Angkor. Delaporte n'emploie pas une technique différente pour rapporter sa moisson.

Un nouveau lord Elgin en route pour le Tonkin

De sa participation à la grande expédition, Louis Delaporte a gardé deux passions : Doudart de Lagrée et l'art khmer. Il défendra la mémoire du premier et consacrera désormais sa vie au second.

Mis à la tête d'une mission d'exploration du Tonkin, il suggère de la faire commencer par le Cambodge, ce qu'il semble obtenir sans difficulté; il n'ira d'ailleurs pas au Tonkin...

Au Cambodge, l'objet précis de sa mission est nouveau. Il s'agit de visiter les monuments pour en rapporter des statues et autres sculptures, en d'autres termes de constituer la première collection officielle d'art khmer.

Delaporte fait plus. Il complète le travail de Doudart, visite les sites que ce dernier a décrits ou signalés. Partout, aidé par une équipe nombreuse, il recueille des statues, dresse des plans – Laederich fait partie de l'expédition –, dessine des linteaux, prépare des restitutions.

Pour la première fois à l'Exposition universelle de 1878 (ci-contre), on présente au grand public un choix important de documents sur l'art khmer : sculptures (comme celle-ci qui provient du Prah Khan d'Angkor), moulages, dessins. Louis Delaporte (1842-1925) est la cheville ouvrière de cette manifestation; il a voyagé au Mexique et en Islande avant de participer à l'expédition de Doudart – il avait été choisi pour ses talents de cartographe et de dessinateur. Il dirige le Musée indochinois jusqu'à sa mort. Amateur passionné mais conscient de ses limites, il dit à George Cœdès en 1909 : «Je ne suis que la moitié d'un conservateur, n'ayant envisagé que le côté art. D'autres feront le reste!»

Le Grand Prah Khan, situé à près de cent kilomètres à l'est d'Angkor, est un vaste site dont les monuments datent pour l'essentiel des époques d'Angkor Vat et du Bayon (XII-XIIIᵉ s.). Installé comme lui au centre d'un baray, le temple de Prah Thcol est en quelque sorte le correspondant de celui de Neak Pean à Angkor. L'empilement d'animaux et de personnages qui occupe les angles de l'édifice symbolise les domaines superposés qui constituent l'univers : du monde chthonien figuré par des nâga que piétinent des éléphants au monde céleste représenté par des oies sauvages aux ailes déployées. Delaporte est le premier à le signaler. Bien que malhabile, son dessin montre qu'il a su retrouver les grands traits de cette remarquable composition en dépit de l'état de ruine très avancé du monument.

La statue figurée sur l'image de gauche des pages suivantes est sans doute le «géant appuyé sur une massue» enlevé au Prah Thcol. Quant au monument qu'on dégage, c'est un autre temple du Grand Prah Khan, le Prah Stung, l'un des rares en dehors d'Angkor à être pourvu comme le Bayon d'une tour à visages.

Au Grand Prah Khan, il fait une récolte abondante et dessine, émerveillé, le Prah Thcol, énorme architecture sculptée, où éléphants et oiseaux fantastiques s'empilent aux angles d'une tour couverte de reliefs.

A Angkor, il lance une vaste campagne de moulage et poursuit l'exploration, en particulier vers le nord de la Ville : Prah Khan, dont il ramène le «géant à cinq têtes et dix bras», Neak Pean, le temple dans l'île du «lac Septentrional» de Tcheou Ta-Kouan, dont il fait un beau levé architectural.

Angkor aux musées

Delaporte revient avec «environ soixante-dix pièces de sculpture et d'architecture» qu'il se réclame d'avoir achetées, ou plutôt échangées. Il s'est rendu au Cambodge avec sa verroterie, «un certain nombre

de statues, tableaux et gravures, pour offrir au roi et aux mandarins», dont l'a pourvu la direction des Beaux-Arts. Il s'empresse d'en offrir «une partie» au roi Norodom et lui explique fort diplomatiquement que «notre gouvernement, venant lui demander l'autorisation de prendre dans ses Etats des richesses artistiques auxquelles nous attachons du prix, lui envoyait en échange des objets d'art français».

Ces sculptures ne vont pas au Louvre comme le souhaitait Delaporte, mais connaissent l'exil au château de Compiègne, ancienne résidence impériale dont la République ne sait trop quoi faire. Quelques pièces vont ensuite à l'Exposition, dans le pavillon du Trocadéro. C'est là que deux ans plus tard l'art khmer aura enfin son musée, le Musée indochinois, où pendant de nombreuses années, les Français viendront s'initier aux splendeurs d'Angkor.

Souvenirs du Cambodge

Les missions officielles ne sont pas les seules à visiter les sites khmers à travers le Cambodge. Administrateurs en vacances, marins en permission et même touristes éclairés excursionnent aux ruines. Certains vont à Angkor, d'autres au Grand Prah Khan, mais l'un est au Siam et l'autre difficile d'accès. Aussi c'est surtout le sud du Cambodge et la Cochinchine que fréquentent les touristes. Ils rapportent des souvenirs : statues complètes parfois, mais plus souvent des têtes, ou de petits bronzes plus faciles à transporter. Au retour en France, certaines pièces rejoignent les grands musées – Trocadéro, Guimet – ou d'autres moins connus, comme celui de Rochefort. Mais un bon nombre demeurent dans les familles des voyageurs. Elles participent moins que les autres à la diffusion générale de l'art khmer mais préparent le temps où cet art enfin reconnu deviendra passion ou proie pour collectionneurs ou marchands.

Dès la fondation du Musée indochinois, Delaporte charge les différentes missions envoyées au Cambodge de compléter ses collections. Il sait aussi susciter des dons. Ainsi ce beau Brahmâ (à droite) offert au musée en 1888. Il a été trouvé à quelques kilomètres de Vat Baset, l'un des temples de la région de Battambang où Bouillevaux et Mouhot ont eu leur premier contact avec la civilisation angkorienne. Les têtes de Çiva (ci-dessus) et de Brahmâ (à gauche) ont été rapportées par Delaporte d'un temple situé sur le Phnom Bok (au nord-est d'Angkor). Elles sont au musée Guimet comme toutes les sculptures originales du Musée indochinois. Quant à la frise aux danseuses, elle prépare le public à admirer la permanence des traditions lors de la venue en France du corps de ballet royal cambodgien en 1906.

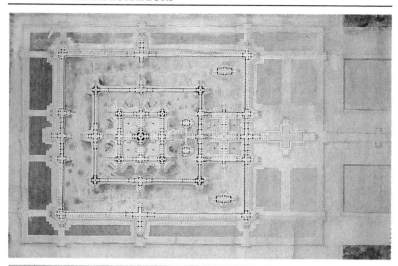

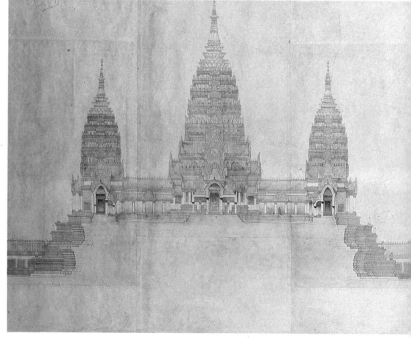

Angkor au Salon

Les dessins de Delaporte révèlent aux architectes un monde nouveau, marqué par la combinaison de conceptions pour eux antinomiques : une rigueur très classique dans les compositions d'ensemble, un décor omniprésent et une rupture complète entre les formes extérieures et les dispositions intérieures. En ces temps d'architecture plutôt néo-classique et fonctionnelle, cela pouvait surprendre et même choquer, mais c'est surtout un étonnement admiratif qui se fait jour. Quelques-uns de ces architectes, comme Fournereau, font le voyage d'Angkor. Ils en rapportent des livres qui posent les fondements techniques de l'étude de l'architecture khmère et des écrits qui, sans trahir les modèles, les rendent en quelque sorte plus familiers et participent à l'acceptation d'Angkor par l'esthétique du temps.

Delaporte suscite la mission à Angkor de l'architecte Lucien Fournereau (1887-1888) qui rapporte «520 moulages, 13 pièces originales en grès et en bois, 17 vases en grès vernissé...», des photographies et surtout des dessins, plans, coupes, élévations... qu'il présente au Salon. Ces derniers (ici Angkor Vat, restauration et plan) sont beaux et d'une qualité technique pratiquement inégalée jusqu'aux grands levés de 1960-1970.

Le temps des inventaires ou l'art de numéroter les monuments

Delaporte combat pour l'art khmer à Paris. C'est sans quitter Paris que des indianistes poursuivent le déchiffrement des inscriptions anciennes sur des estampages envoyés du Cambodge.

Au Cambodge on dénombre. Pour retrouver l'ancien empire dans toute sa substance, on en inventorie toutes les traces, même les plus informes et les moins dignes d'attirer l'attention d'une âme d'artiste. Une fois de plus, c'est un marin, également épigraphiste, Etienne Aymonier (1844-1929), qui s'en charge le premier au cours de longues tournées.

Mais tous ces témoins de l'empire disparu ne sont pas oubliés de ceux qui depuis toujours vivent parmi eux. Repères familiers des villageois et des coureurs des bois, ils ont leurs légendes, leurs noms. Un vieux temple se trouve-t-il près d'un beau manguier? C'est naturellement le Prasat Svay, le «temple de la Mangue». Est-il dans la forêt voisine du village? Il est alors le Prasat Prei, «temple de la Forêt», ou bien le Banteay Prei, «citadelle de la Forêt» si une enceinte l'entoure. Ses murs portent-ils l'image de belles filles? Il est alors le Banteay Srei, la «citadelle des Femmes». Contient-il un beau lion de pierre? C'est le Prasat Sing, le «temple du Lion».

Hélas pour les archéologues, il y a beaucoup de manguiers, de forêts, de belles déesses et de lions de pierre au Cambodge. Un militaire d'esprit positif remédie à cette fâcheuse poésie. Lunet de Lajonquière, envoyé par la jeune Ecole française d'Extrême-Orient sur les traces d'Aymonier, numérote. Il numérote tous les monuments qu'il rencontre, du plus petit au plus grand, 910 en tout (avec quelques *bis*). Désormais, si on évite de parler d'Angkor Vat comme du temple n° 497, il est bien pratique en revanche de distinguer le temple du Lion n° 365 du temple du Lion n° 410. Il est même un petit temple d'Angkor Thom qui, faute de mieux, n'est connu que comme le «Monument 486». L'inventaire de Lajonquière n'en reste pas moins un instrument indispensable.

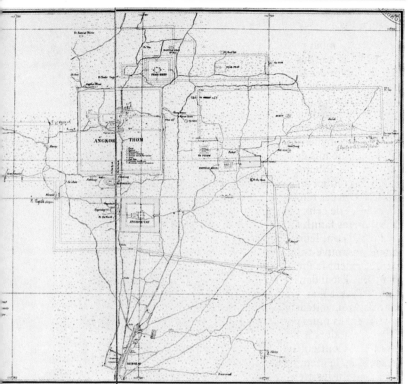

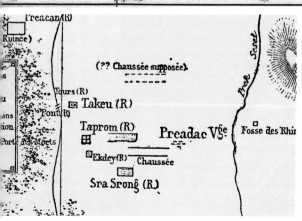

Jusqu'en 1908, la connaissance de l'histoire d'Angkor est entravée par la mauvaise qualité des cartes qui répètent celle du *Voyage d'exploration* (ci-contre), en ignorant les baray et en centrant Angkor Thom sur le palais royal et non sur le Bayon, ce qui interdit de voir dans celui-ci le point majeur de la ville.

A chacun ses souvenirs

Vers la fin du siècle, Angkor se banalise et commence à recevoir des touristes anonymes tel celui qui, vers 1890, a pris pour son album personnel une importante série de photos. Son itinéraire est classique : la vue traditionnelle d'Angkor Vat, un visage du Bayon émergeant de la végétation, très photographié également, enfin – moins courant – un détail de la porte Sud d'Angkor Thom où le triple éléphant d'Indra remplit l'angle de l'édifice.

De grands arbres ont remplacé les piliers de bois des pavillons qui autrefois se dressaient sur la terrasse des Eléphants, et la broussaille encombre la place royale qui s'étend à ses pieds. Le photographe anonyme, ou l'un de ses amis, pose à l'entrée éboulée d'une galerie du Bayon. Ci-contre, portrait de groupe avec temple dans le fond.

A l'assaut du Bayon

En attendant de prendre en charge Angkor, l'Ecole française d'Extrême-Orient s'y intéresse beaucoup. Elle confie à un architecte, Henri Dufour, et à un photographe, Charles Carpeaux – le fils du sculpteur de *La Danse* –, le soin de préparer la monographie d'un des temples les plus prestigieux, le Bayon. Il leur faudra le dégager autant que faire se peut pour en dresser un plan, et surtout mouler et photographier les bas-reliefs de ses deux galeries. Formé par un passage au musée du Trocadéro, Carpeaux fait deux séjours à Angkor, séparés par une campagne de fouilles au Champa. Il meurt à Saigon en 1904 au retour du second.

Pour lui, les visages du Bayon inquiètent toujours, mais les ruines se démystifient. Les pierres tombées devant les bas-reliefs sont des blocs que des ouvriers soulèvent avec des madriers et des cordes.

La végétation? Des grands arbres certes, des banians aussi qui enserrent des ruines, mais surtout des arbustes, des buissons ou plus simplement des bananiers qui couvrent les gradins d'Angkor Vat, en remplissent les cours, encadrent ses chaussées. C'est eux qu'il faut couper et qui, trois ans après, sont toujours aussi denses... Là comme ailleurs, ce que Carpeaux annonce, ce sont les futurs travaux et les nouvelles passions. Dégager, ouvrir, comprendre.

C harles Carpeaux (1870-1904) est ici à une fenêtre du Bayon. D'une fraîcheur souriante, ses carnets, ses lettres et ses photographies constituent sans doute la meilleure introduction à l'Angkor villageoise du début du XXe siècle.

❝ 5 Décembre 1901. Le pape des bonzes vient nous voir accompagné de ses vicaires. Ils nous apportent des noix de coco.❞

L 'aventure quotidienne est joyeuse; c'est elle que Carpeaux photographie et raconte. En contrepoint aux bas-reliefs, c'est la visite de moines, la fête à Angkor Vat, la sieste d'une famille ou celle de Loti, «le pauvre, sur une méchante natte».

18 décembre 1901. Travaillé au Baïon [sic]. Bonne journée pour l'Ecole. Déblaiement d'une partie de la face N. Trouvé quatre serpents gris à collier jaune doré. Essai de lavage des bas-reliefs. Ils sont couverts d'un lichen séculaire, et tenace! Je devrai effectuer ce travail moi-même avec mes outils de ciseleur. Trop délicat pour les coolies. Développé trois clichés des tours.

L orsque Charles Carpeaux et Henri Dufour arrivent à Angkor, le Bayon est difficile d'accès, ses galeries sont encombrées de pierres tombées des voûtes. Quant aux bas-reliefs, profondément engoncés dans la végétation et les ruines, ils sont alors beaucoup moins connus que ceux d'Angkor Vat dont ils se distinguent par d'abondants panneaux consacrés à la vie quotidienne. Le relevé photographique préparé par les deux hommes (publié en 1910-1914) reste à ce jour le seul instrument accessible pour ces bas-reliefs, une nouvelle couverture photo effectuée dans les années 1960 par Luc Ionesco étant restée inédite.

Le pèlerin d'Angkor

A Angkor, Carpeaux reçoit beaucoup. Un amiral, un écrivain célèbre, un sculpteur qui l'est sans doute moins, un évêque, un médecin et sa femme, des marins, des militaires... et même un globe-trotter américain qui n'aime que le porto.

L'écrivain, c'est Pierre Loti. Et son livre, *Un Pèlerin d'Angkor*, marque l'entrée du site dans la littérature. La rencontre de Carpeaux et de ses amis ne le touche guère. Ses préoccupations sont ailleurs. Angkor appartient depuis longtemps à son musée imaginaire grâce aux illustrations d'une revue coloniale : tout enfant, il avait vu «au fond des forêts du Siam [...] l'étoile du soir se lever sur les ruines de la mystérieuse Angkor». Son pèlerinage – trois jours en novembre 1901 – le conduit à Angkor Vat et surtout au Bayon, «l'un des plus prodigieux temples du monde». Il est captivé par la métamorphose permanente des pierres au gré des heures et du temps, et par la forêt, «linceul d'une ville».

Loti dédie *Un Pèlerin d'Angkor* à Paul Doumer, gouverneur général de l'Indochine. Mais il critique sur le fond l'installation française en Indochine : «cet épisode manquera de grandeur et surtout manquera de durée; [...] bientôt on ne verra plus guère dans cette région errer [...] ces hommes de race blanche qui convoitent si follement de régir l'immémoriale Asie et d'y déranger toutes choses.»

Le risque ici serait de rompre la remarquable continuité qui existe entre le Cambodge ancien et celui du roi Norodom et que Loti sent partout : dans la piété qui entoure les images éparses dans Angkor Thom ou regroupées à Angkor Vat, dans l'architecture des tombes royales de la dynastie actuelle où il retrouve l'art d'Angkor, «déchu évidemment de ses proportions colossales», et plus encore peut-être dans la grâce des danses du corps de ballet royal : «Nous sommes en plein Râmâyana et les mêmes spectacles évidemment devaient se donner à Angkor Thom [...]. Des temps que nous croyions à jamais révolus ressuscitent sous nos yeux; rien n'a changé ici, au fond des âmes ni au fond des palais.»

Le roi Norodom avait reçu Mouhot, Doudart, Delaporte, Loti... Son successeur, le roi Sisovath (1906-1927) (ci-dessus), vient en France avec le Ballet royal. Loti le lui reproche aimablement : «On ne devrait pas profaner et diminuer de tels spectacles en les produisant ainsi en dehors de leur cadre.»

Rodin poursuit les danseuses jusqu'à Marseille pour achever la série de dessins qu'il leur consacre. «A vrai dire, tous les types humains, toutes les races ont leur beauté. Il suffit de la découvrir. J'ai dessiné avec un plaisir infini les petites danseuses cambodgiennes qui vinrent naguère à Paris avec leur souverain. Les gestes menus de leurs membres graciles étaient d'une séduction étrange et merveilleuse.» (Auguste Rodin, *L'Art*, 1924)

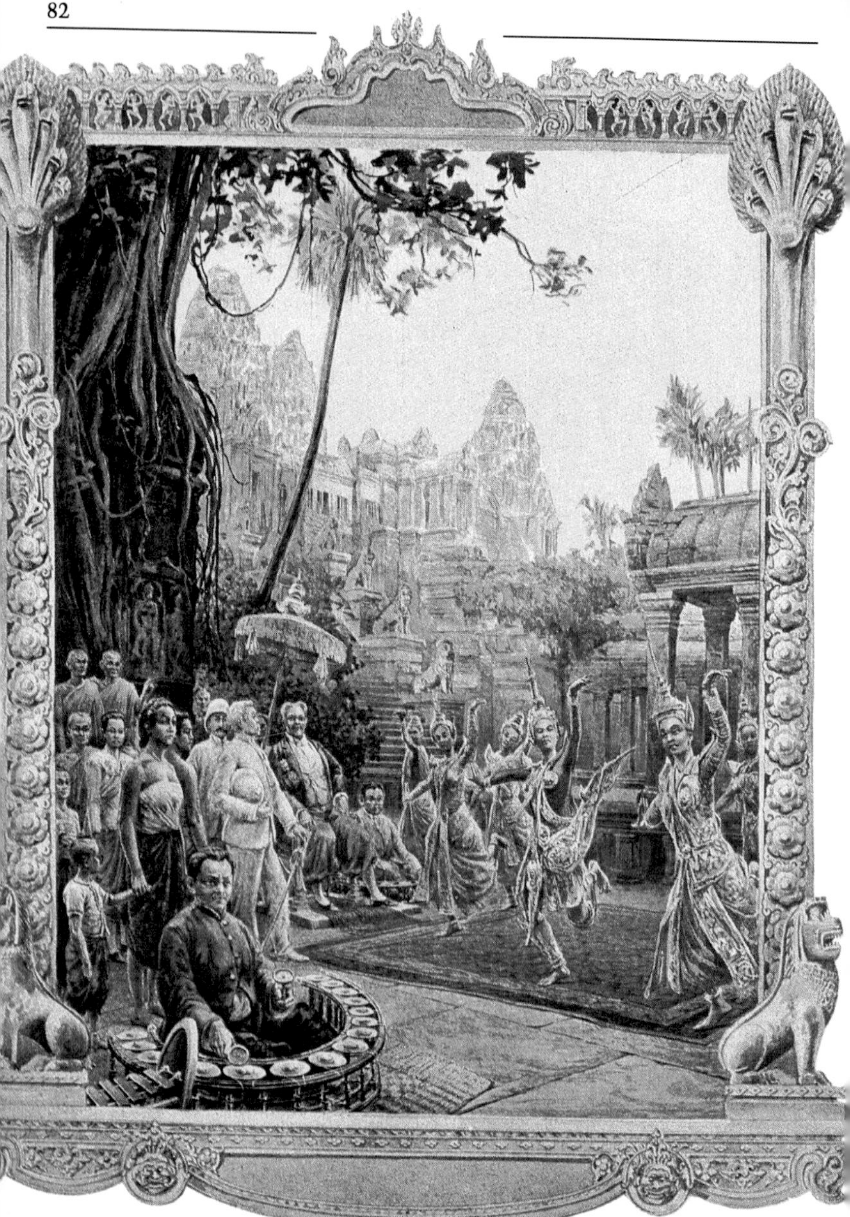

En 1907, Angkor est rendue au Cambodge avec l'ensemble des provinces annexées par le Siam plus d'un siècle auparavant. Il est trop tard pour en refaire la capitale du royaume, mais elle est désormais de toutes les fêtes. Les siens ne l'avaient jamais oubliée, mais ils la connaissent mieux. Des générations d'ouvriers, de dessinateurs, de photographes la dégagent, la restaurent, la protègent.

CHAPITRE V

ANGKOR DANS LE ROYAUME

Angkor, gloire du royaume, est aussi celle de l'Empire. Le retour du roi Sisovath s'y fait dans la pompe, sous l'œil du résident supérieur. Pour les Français, l'Indochine prend les traits d'Angkor Vat.

Le retour d'Angkor dans le royaume, c'est aussi sa prise en charge par l'Ecole française d'Extrême-Orient qui est, à l'époque, quelque peu le bras scientifique du pouvoir colonial. Ce retour lui impose, pour reprendre les termes employés alors par son directeur, «de nouveaux devoirs» mais il ajoute qu'ils seront accomplis «avec joie». Ses archéologues et ses épigraphistes se voient offrir en effet un champ d'activité extraordinaire et, en un sens, illimité. Une présence permanente remplace les missions ponctuelles de naguère. Le quasi-monopole qui en résulte fait souvent grincer des dents. Mais il permet d'assurer pendant plus de soixante ans, à travers les changements d'hommes et de méthodes, une remarquable continuité dans les travaux scientifiques ou techniques qui peu à peu font renaître Angkor.

Le temps des touristes

Angkor ne sera pas seulement un champ de manœuvres pour archéologues. Dès l'automne 1907, plus de deux cents touristes européens s'y pressent en à peine trois mois, pour la plupart sans doute des coloniaux venus de Phnom Penh ou de Saigon.

L'excursion n'est cependant pas une sinécure : chaloupe à vapeur sur le Grand Lac jusqu'à l'embouchure de la rivière, au pied du Phnom Krom, puis sampan jusqu'à la bourgade de Siem Réap, enfin charrette légère et gracieuse mais inconfortable, surtout sur le mauvais chemin qui mène à Angkor Vat. Les buffles renâclent souvent, les roues s'ensablent et le trajet peut durer une heure et demie comme il peut en durer six.

Dans l'enceinte du temple, une paillote sur pilotis tient lieu d'hôtel, à condition d'y apporter literie, victuailles et batterie de cuisine. Le temps est limité, la chaloupe repart deux jours et demi à peine après vous avoir déposé, la manquer c'est attendre une semaine complète. La visite d'Angkor Vat est facile. Même si les gradins sont couverts de broussailles et

Dès 1912, on organise des visites «tout compris» mais limitées à deux jours. Rester plus longtemps, c'est s'organiser soi-même.

En 1908, l'arrivée en voiture à Angkor depuis Saigon est un exploit. On comprend que le duc de Montpensier ait voulu le couronner par l'escalade du perron d'Angkor Vat avec la bénédiction de Jean Commaille. Plus tard, les conservateurs s'insurgent contre de telles pratiques. En 1926, un arrêté limite la vitesse des voitures dans le parc à 30 km/h et réglemente le stationnement.

d'arbustes, les galeries ne sont pas
encombrées et les escaliers, raides comme il
se doit, ne sont pas ruinés. Angkor Thom est
une autre affaire. Dans la Ville, la forêt est
plus dense, le chemin plus mauvais ; la
charrette serpente en contournant les
énormes contreforts des arbres. Le Bayon
dresse toujours son énorme masse de pierres
éboulées et de végétation, d'où émergent les
visages des tours. Les dégagements de Dufour
et de Carpeaux n'ont pas laissé de traces, et
voir les bas-reliefs relève souvent de l'exploit.
Au-delà, le pied de la terrasse des éléphants

DUC DE MONTPENSIER

La Ville
au Bois
dormant
DE Saigon à Angkor
en
Automobile

LIBRAIRIE PLON

est souvent un marécage – la restitution de Delaporte y montre d'ailleurs un cortège en pirogue! – et l'accès au fameux Roi lépreux n'est pas toujours facile. Où qu'on aille, le tableau est le même. En dépit du souvenir de Mouhot, les nouveaux touristes ne se sentent pas tous une âme d'explorateur intrépide : le beau mérite mieux et le mystère ne va pas nécessairement avec l'inconfort.

«1° Faciliter les moyens d'accès et les conditions de séjour; 2° Assurer la conservation et l'entretien des édifices» : tel est le programme proposé par l'Ecole française d'Extrême-Orient

Faciliter les voies d'accès jusqu'à Angkor, ouvrir la route pour faire circuler des automobiles entre le Phnom Krom et Angkor Vat est du ressort des

1784. Ex-Cambodge – ANGKOR-THOM
Les Tours à quatre visages

Comme ses homologues d'Athènes et de Rome, l'Ecole française d'Extrême-Orient (E.F.E.O.) est une institution de recherche et non d'enseignement. Fondée en 1898 sous le nom de »Mission archéologique en Indochine», et basée à Saigon, puis à Hanoi, elle reste dans la mouvance du gouvernement général de l'Indochine jusqu'au lendemain de la Seconde Guerre mondiale; pour quelques années administrée en commun par les trois Etats de l'ancienne Indochine et la France, depuis 1954 son siège est à Paris. Son domaine scientifique couvre toute l'Asie du Sud et du Sud-Est. Actuellement ses principaux centres de recherche sont en Inde, en Thaïlande, en Indonésie et au Japon.

Travaux publics, non pas des archéologues. De même, c'est à l'autorité locale d'installer près d'Angkor Vat un bungalow pour les visiteurs. Près d'Angkor Vat mais non dans Angkor Vat. Car le tourisme est aussi un des dangers qui menacent les temples. Le canaliser et l'orienter relève de leur protection. Dans ce domaine, les principes établis dès le départ sont simples : délimiter un périmètre réservé – on parle déjà de parc d'Angkor – et en confier la charge à un agent du service archéologique de l'Ecole française d'Extrême-Orient. Le conservateur d'Angkor est né, nouveau maître des temples.

Angkor-Vat.
Mars 99.

Et toujours des hommes aux compétences multiples...

Archéologue, le conservateur, dans ses incarnations successives, le sera par accident (sauf dans la dernière), mais ce sera toujours l'homme d'un art. Le premier, Jean Commaille (1868-1916), peintre de vocation, arrive en Indochine avec la Légion; on le retrouve peignant à Angkor en 1898. Exerçant les métiers les plus divers, il est employé aux Travaux publics lorsqu'il devient conservateur d'Angkor en 1908. Il meurt assassiné en 1916 sur la route d'Angkor Vat. Installé dans une paillote appuyée à la chaussée d'Angkor Vat, immergé dans son travail de pionnier, il en oublie les difficultés de la vie

École Française d'Extrême-Orient
Conservation d'Angkor

Dès son premier séjour, en 1899, Jean Commaille pose son chevalet devant Angkor Vat (ci-dessous).

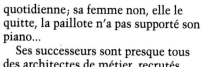

quotidienne; sa femme non, elle le quitte, la paillote n'a pas supporté son piano...

Ses successeurs sont presque tous des architectes de métier, recrutés alors qu'ils exercent en Indochine depuis plusieurs années. Trois hommes ont imprimé leur marque jusqu'à la Seconde Guerre mondiale : Henri Marchal, Georges Trouvé et Maurice Glaize.

Le conservateur est seul pour gérer le parc d'Angkor, ce qui n'est pas une mince affaire. Il lui faut administrer, dégager, fouiller, reconstruire, explorer, chercher, reconnaître, dessiner mais aussi pourchasser les vandales ou les pilleurs de ruines, lutter contre les empiétements, accueillir des visiteurs chaudement recommandés, guider les collègues chercheurs, les aider à vérifier les hypothèses. Il écrit aussi : guides, articles, livres, sans compter les rapports réguliers et surtout le journal de fouilles, où il consigne souvent des incidents très éloignés de l'archéologie.

Jean Commaille (à gauche) rédige un *Guide d'Angkor* (1912), comme après lui Henri Marchal, Henri Parmentier et Maurice Glaize. Le «plan cavalier du groupe d'Angkor» (ci-contre), destiné à illustrer cet ouvrage bien informé, est un peu sélectif, sinon fantaisiste. Il ne présente que quelques monuments, dans un cadre vallonné qui peut surprendre. Cela étant, la représentation d'Angkor Thom est exacte et les monuments omis sont décrits dans le texte.

Les vraies couleurs d'Angkor

Ces autochromes des années 1920 donnent pour la première fois au public européen le reflet des couleurs d'Angkor. Ci-contre, les tours des Danseurs de corde (Prasat Suor Prat), qui ferment la place royale à l'est.

Mouhot l'avait chanté, Doudart critiqué; pour Commaille, «cette statue n'est ni meilleure ni pire que celles que nous ont laissés les statuaires cambodgiens». Ce «Roi lépreux», sans doute la plus célèbre statue de l'art khmer, est probablement Yama, le juge des morts.

Un œil neuf
sur les deux Grands

Pour les pèlerins du
XVIIe siècle comme
pour ceux du XXe, le
cœur d'Angkor Vat
n'est pas la tour qui
couronne la pyramide,
mais un petit secteur
des galeries
cruciformes du premier
étage (à gauche). Là
sont les «Mille
Boudhas»,
innombrables statues
de toutes origines,
rassemblées par les
dévots pour la plus
grande gloire du
temple.

Arriver au troisième
étage du Bayon
(ci-contre), c'est sortir
d'un labyrinthe et se
trouver en plein ciel
environné de visages.

Gens de passage

Solitaire à Siem Réap, le conservateur reçoit des
visites. La venue du directeur de l'Ecole française
d'Extrême-Orient est plus qu'une simple inspection
quand il s'agit d'un épigraphiste comme Louis Finot
et surtout de George Cœdès qui a consacré sa vie aux
inscriptions du Cambodge. Venir à Angkor, c'est pour
Cœdès retrouver le tissu vivant des textes, susciter
les fouilles qui les éclaireront; c'est aussi transmettre
au conservateur – les lui imposer s'il le faut – les
trouvailles des autres, ceux qui ne vivent pas à
Angkor et dont les travaux peuvent paraître futiles –
celles d'un Philippe Stern par exemple, qui de Paris
restaure la chronologie d'Angkor.

Jusqu'au début des années 1930, le chef du service
archéologique de l'Ecole, supérieur direct du
conservateur, est Henri Parmentier, un architecte lui
aussi. Ses passages à Angkor sont fréquents, il régente
le conservateur, assure parfois l'intérim, annote

Victor Goloubew
(ci-dessus en 1937)
et Henri Parmentier
(à gauche en 1925).

sauvagement le journal de fouilles, mène
ses propres recherches, ses propres
fouilles. Mais surtout, même après sa
retraite, il arpente le Cambodge pour
préparer une refonte de l'inventaire
de La Jonquière. Plus de trente ans
après, les habitants de villages
perdus du Nord-Ouest se
souviendront de cet homme sec
qui, en petit équipage, mesure,
dessine, fait retourner les pierres.

D'un tout autre genre est
Victor Goloubew (1878-1945),
l'un des archéologues de l'Ecole.
Riche aristocrate de Saint-
Pétersbourg ruiné en 1917, il a, du
temps de sa splendeur, fréquenté les
salons parisiens et connu Rodin. En
sus du goût des mondanités, il
apporte à l'Ecole une solide culture,
une curiosité universelle et
l'expérience d'un grand voyageur.
Lorsqu'en 1936 il guide dans les

temples Charlie Chaplin et Paulette Goddard, il a depuis plusieurs années découvert d'avion la première Angkor dont le mont central est le Phnom Bakheng, cette Yaçodharapura que ses amis appellent volontiers Goloupura...

Un artiste à Phnom Penh

Un peu en marge de cette science officielle que symbolise la conservation d'Angkor, un peintre installé à Phnom Penh aide le Cambodge à retrouver son art. George Groslier, séduit comme Rodin avant lui par la grâce des danseuses du Ballet royal, les peint mais surtout les retrouve sur les murs d'Angkor. Si les danseuses n'ont pas changé, qu'en est-il des sculpteurs? Avec d'autres – comme Marchal – et contrairement à une opinion courante dans la bonne société de Phnom Penh, il sait que le pays n'est pas «irrémédiablement perdu et son peuple dégénéré.»

Goloubew est un ami de Rodin qui sculpte le buste de sa femme – celle-ci le quitte pour D'Annunzio qui en fait Donatella Cross. Ensemble, ils écrivent un livre sur la sculpture indienne. Initié à la photo aérienne pendant la Grande Guerre, il en reprend l'idée en 1930 pour retrouver la première Angkor.

La première grue d'Angkor, photographiée en 1909 par Jean Commaille.

Il s'insurge : tout en magnifiant Angkor, on laisse s'éteindre des traditions d'un art quotidien où il constate «la fixité extraordinaire et la permanence d'une esthétique qu'il est neuf fois sur dix possible de contrôler sur les bas-reliefs et dans les monuments de la plus ancienne époque». Il convainc : on lui confie l'Ecole des Arts cambodgiens, où désormais tout un peuple d'artisans inspirés sera patiemment formé à retrouver l'art décoratif d'Angkor.

Pour justifier ses interventions en faveur de l'artisanat khmer, Groslier met en avant la nécessité de permettre aux touristes d'acquérir des souvenirs qui ne soient ni des sculptures volées ni une pacotille sans intérêt.

De la brousse au parc

Commaille dégage Angkor Vat, puis, très partiellement, Angkor Thom : les grandes avenues menant aux cinq portes sont retracées, les cours du Bayon vidées des blocs qui les encombrent – Commaille les empile en énormes monceaux où ses successeurs chercheront les fragments manquants des bas-reliefs; la place royale est débarrassée des arbres qui l'encombrent.

La tâche avance lentement, rien n'est définitif : la petite végétation réapparaît au lendemain de chaque saison des pluies; l'entretien des dégagements doit

George Groslier (ci-dessus avec deux de ses enfants), construit à Phnom Penh les bâtiments de l'Ecole des Arts cambodgiens et du musée. Ni verrues, ni pastiches, ces édifices allient la grâce des monastères bouddhiques à la finesse du décor des temples : dans un tel cadre, statues et éléments décoratifs recueillis à travers tout le pays retrouvent une vie nouvelle. Le nouveau musée est une pièce maîtresse du projet : élèves et maîtres y trouveront leurs modèles. Groslier meurt à Phnom Penh en 1945 après un interrogatoire de la Kampetai. Un de ses fils, Bernard-Philippe, fut le grand conservateur des années soixante.

« Le banian qui jaillit du temple de Neak Pean après avoir assujetti son élan par les tentacules envoyés au travers du massif de pierres surmontant les quatre bassins dont elles boivent l'eau bourbeuse, est le sceau de la divinité qui règne en ces lieux. Elle a dicté ce miracle. »

Elie Faure,
Mon Périple

En 1935, un ouragan détruit ce miracle et entraîne l'effondrement de l'arbre et de la tour. Regrettable pour le pittoresque, cet incident permet à Maurice Glaize de retrouver à travers une restauration intégrale ce Neak Pean que son constructeur décrivait comme «une île éminente tirant son charme des bassins [qui l'entourent], nettoyant la boue des péchés de ceux qui viennent à son contact, servant de bateau pour traverser l'océan des existences» (Stèle de Prah Khan, trad. Cœdès 1941).

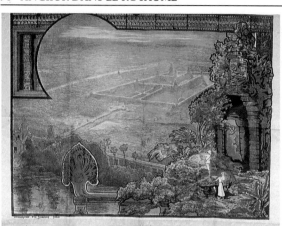

EXCURSION AUX RUINES
D'ANGKOR

Pour attirer les visiteurs, on joue sur le contraste de l'ampleur classique d'Angkor Vat et des visages noyés dans la végétation d'Angkor Thom. Le mystère est naturellement sur une montagne; avant d'y pénétrer, les touristes de blanc vêtus dominent les grandes perspectives lumineuses.

Les départs de Saïgon ont lieu une fois par semaine sur les vapeurs de la Compagnie des Messageries Fluviales:

Saïgon, départ Jeudi soir.

Phnom-Penh. Arrivée : Samedi matin.
Départ : Dimanche matin.

Angkor. Arrivée : Lundi matin.
Départ : Mercredi.

Retour à Saïgon, Vendredi matin.

Departures from Saigon are weekly, by steamers of the Messageries Fluviales Company:

Leave Saigon, Thursday evening

Phnom-penh. Arriv. Saturday morning
Leave Sunday

Angkor. Arriv. Monday morning
Leave Wednesday.

Return Saigon Friday morning

Il est préférable de visiter les célèbres RUINES D'ANGKOR pendant la saison des hautes eaux, du 15 Juillet au 1 février. La durée du voyage, à partir de Saïgon est de 10 jours, aller et retour, y compris deux journées de séjour à ANGKOR.

Les voyageurs trouveront à PHNOMPENH, (Grand Hôtel) pendant la journée d'arrêt du vapeur, tous les renseignements désirables et au besoin le personnel et le matériel nécessaires pour un séjour prolongé dans la région des ruines. Les vapeurs des Messageries Fluviales font escale à l'entrée de la rivière de Siemrap. Les voyageurs à destination d'Angkor, sont transbordés sur des sampans et conduits en deux ou trois heures, à travers la forêt inondée, à la petite ville de Siemrap qui se trouve à 30 minutes d'Angkor; à Siemrap on prend une voiture jusqu'à Angkor.

Une sala en maçonnerie (Maison des passagers) contenant 10 chambres meublées de 16 lits et comprenant des annexes a été construite à l'entrée du Grand temple d'Angkor Vat.

L'excursion complète de Saïgon à Angkor, séjour compris, revient environ à 100 $ (250 fr.) par tête.

NOTA. — De Saïgon on peut aussi se rendre à Tourane (Grottes de marbre), à Hué capitale de l'Annam (anciens tombeaux des rois d'Annam) ; à Haïphong, le port bien connu qui est situé à l'entrée de la célèbre baie d'Along (nombreux îlots et rochers fantastiques,

It is preferable to visit the celebrated RUINS of ANGKOR during water season, from July 15th to of February.

The voyage from Saigon take there and back, including a sta at ANGKOR.

At PHNOMPENH, (Grand Hôtel) tourists will information and, if wanted, guides and all outfit stay in the neighbourhood of the ruins.

The Messageries Fluviales steamers stop at the Siem-reap river, Travellers bound for Angkor native boats, which reach across the inundated village of Siem-reap in 2 or 30 minutes from Siem-reap, ANGKOR

A brick-built rest-house section beds and necessary entrance to the Great Temple

The round trip Saigon-An (fr. 250, or £10,) each.

N.B. — From Saigon, Tourane, (marble grots), Hué, the capital of An Emperors).

être permanent. Il n'est pas question de supprimer la forêt, mais simplement de la maîtriser. L'abattage des arbres se fait sélectif, le service forestier intervient pour replanter s'il le faut ou éclaircir les sous-bois. On décide alors de laisser Ta Prohm dans sa gangue végétale et sa ruine : quelques sentiers de traversée permettent au touriste nostalgique d'y retrouver l'émotion d'un Mouhot, d'un Loti ou d'un Claudel.

Grâce à une nouvelle carte dressée en 1908, le conservateur connaît mieux son domaine : le réseau des monuments réapparaît, digues et chaussées anciennes redessinent l'ancien schéma hydraulique de la ville, des vestiges inconnus sont repérés qu'il faut décrire, étudier en même temps que les autres auxquels le dégagement donne un nouveau visage. On s'essaie à replacer des pierres tombées ou à planter quelques potelets de béton pour soutenir des structures chancelantes, mais le principe demeure de limiter à l'extrême ces timides restaurations.

Le «parc d'Angkor» n'est officiellement créé qu'en 1925, mais ses routes sont déjà tracées : un «petit circuit» et un «grand circuit» qui permettent d'accéder aux grands monuments et à beaucoup d'autres.

Le conservateur et les touristes

Au début des années 1920, les agences de voyage s'emparent d'Angkor. L'excursion peut se faire désormais en toute saison : aux basses eaux un bateau à moteur à fond plat permet de traverser le Grand Lac en attendant l'achèvement de la route qui conduira directement à Angkor de Saigon ou de Phnom Penh.

En dépit de son éloignement de la mer, Angkor profite du développement des grandes croisières. De l'escale de Saigon ou de celle de Bangkok, des cortèges de voitures amènent des globe-trotters fortunés (ci-dessus en 1934 devant la terrasse des Eléphants et celle du Roi lépreux).

Pour certains, Angkor est un jeu. Mais les Cambodgiens, en dépit de leur hospitalité foncière, n'apprécient pas toujours ceux qui prennent le grand Bouddha de Tep Pranan pour les rochers de Fontainebleau.

En face d'Angkor Vat où on arrive en voiture, le bungalow attend, confortable. Des guides officiels proposent leurs services; les moyens de transport sont variés : automobile, éléphant («deux personnes seulement peuvent prendre place dans le palanquin»), cheval et même charrette, toujours aussi inconfortable, même si les routes sont meilleures.

La plupart des touristes – toujours des coloniaux, mais aussi de plus en plus des globe-trotters pour lesquels Angkor devient une escale obligée – sont ignorés du conservateur. Pour apparaître dans son journal de fouilles, il faut avoir gravé son nom sur un temple – spécialité des marins en permission – ou avoir volé quelque pièce sculptée. La surveillance porte parfois, et le butin de ces vandales éclairés est alors récupéré dans leur chambre d'hôtel. Mais les cas se multiplient, en particulier dans les monuments isolés. Une législation plus efficace est préparée mais elle tarde à sortir.

Plus ennuyeux sont les visiteurs recommandés par une des nombreuses autorités de la hiérarchie indochinoise. Le traitement, fonction du rang de l'envoyeur, varie mais il comprend au moins une visite au dépôt de sculptures : dans cette «maison des merveilles» sont accumulées dans un désordre inouï les pièces récupérées lors des travaux de dégagement; on y voit aussi bien

L e maréchal Joffre (à droite) est accompagné d'une suite nombreuse (ci-dessous) : le roi Sisovath, le gouverneur général de l'Indochine, le résident supérieur au Cambodge, le directeur de l'Ecole française d'Extrême-Orient, et quelques autres, tous rassemblés ici à Angkor Vat. Pour lui les chantiers s'arrêtent, les temples sont nettoyés, une route est même ouverte pour permettre au cortège de pénétrer en voiture dans Prah Khan. Elle sera refermée le lendemain...

des débris informes que les plus belles statues qu'ait produit l'art khmer. Il y a enfin les visites très officielles, comme celle du maréchal Joffre en 1921.

Plus que jamais le mystère : volupté, ananas et malédiction

En route pour le Japon, Paul Claudel vient à Angkor. Utilisé plus tard dans *Le Poète et le vase d'encens*, le récit brut de ce court passage se trouve dans son *Journal*. La méditation poétique y suit le petit circuit à rebours. Banteay Kdei à peine mentionné, c'est Ta Prohm, Ta Keo, la porte de la Victoire puis le Bayon et enfin Angkor Vat, dont les cinq tours sont comparées à des ananas. Plus que les pommes de pin que Loti avait retrouvées dans les tours du Bayon, ces ananas blasphématoires ont beaucoup fait jaser, mais pour le poète, c'est Angkor Vat même qui est «ostension de blasphème». Le mal y jaillit de partout.

Vers 1920, un prince siamois visite lui aussi Angkor, sa suite est moins nombreuse.

Quatre ans plus tard, repassant en Indochine et entendant parler de la mort de Commaille et de quelques autres, le doute n'est plus permis. «Angkor est bien un des endroits les plus maudits, les plus maléfiques que je connaisse.

J'en étais revenu malade et la relation que j'avais faite de mon voyage a péri dans un incendie.»

Au début des années 1920, la conservation d'Angkor est bien lancée. Les travaux et l'exploration avancent. En France, l'Exposition coloniale de Marseille tenue en 1922 est l'occasion de répandre une idée plus juste des monuments que celle que les visiteurs avaient pu tirer des pavillons fantaisistes des manifestations antérieures. Le «clou» en est en effet une reproduction pratiquement grandeur nature du troisième étage d'Angkor Vat.

Le réveil des belles au Bois dormant

1923 : une affaire de droit commun débute, qui met en scène un homme de lettres et fait la une des journaux.

Paul Jouve, qui peindra plus tard certains des décors du *Normandie*, illustre Loti et son *Pèlerin d'Angkor*. Ce peintre animalier peuple d'éléphants les «ananas d'Angkor Vat», comme les appelait Claudel, et la porte d'Angkor Thom (pages précédentes).

Dès 1921, on met en musique ce sourire d'Angkor dont Paul Mus écrira plus tard qu'il n'est «ni gai, ni dément ni amer. Humain, amical, entendu».

C'est à l'exposition coloniale de Marseille de 1922 qu'est construite la maquette du centre d'Angkor Vat. Elle resservira à Paris en 1931.

MARSEILLE - EXPOSITION COLONIALE 1922
Grand Palais de l'Indo-Chine (Allée Centrale)

1927 : un historien d'art, sans quitter son bureau parisien, met à bas l'histoire de la ville qu'on croyait assurée.

1929 : un archéologue hollandais déclare au conservateur que ses méthodes sont périmées et datent de 1880. Dans les trois cas, pour une raison ou pour une autre, un nom apparaît : Banteay Srei, la citadelle des Femmes.

Situé à une vingtaine de kilomètres en ligne droite au nord-est de la Ville, en pleine forêt, le temple de Banteay Srei a échappé à Aymonier et à Lunet de Lajonquière. En 1914 un officier du service géographique le signale et en rapporte pour le musée de Phnom Penh un beau groupe de Çiva et Parvati. Peu après, Parmentier le visite et publie un article admiratif. Mais les travaux d'Angkor ont la priorité. Banteay Srei, comme tous les monuments à l'écart, retourne à sa forêt.

Domaine public : l'affaire Malraux

Rappelons les faits. Un jeune écrivain d'avant-garde, plein d'amis et de talent, amateur d'art dont il commerce un peu, lit l'article de Parmentier. André Malraux, c'est de lui qu'il s'agit, vérifie que les ruines de Banteay Srei ne sont pas légalement protégées. Il décide de se rendre au Cambodge et obtient une mission officielle – dont les frais sont à sa charge – pour l'exploration archéologique de la voie qui joint le Siam à Angkor. En octobre 1923, il s'embarque à Marseille avec sa jeune femme sur l'*Angkor*.

Ils visitent Angkor avec un ami, puis tous trois se rendent en charrette à Banteay Srei. Ils y enlèvent des blocs portant une de ces images féminines qui donnent leur nom au temple. A leur retour à Phnom Penh, ils sont arrêtés, inculpés pour trafic d'antiquités, mais non incarcérés. Les pièces sont saisies. Le procès a lieu six mois plus tard; les deux hommes sont condamnés. Clara Malraux rentre en France et alerte les amis littéraires de son mari; la peine lourde est réduite en appel mais la restitution des sculptures à l'Etat est maintenue. Malraux passe quelques semaines en France puis revient en Indochine et se lance dans le combat politique contre

L'affaire Malraux est de tous côtés le triomphe de la mauvaise foi. D'un côté l'angélisme d'un amateur d'art bien organisé. De l'autre une société coloniale pour qui le procès est celui de l'avant-garde littéraire. A Paris, pétitions d'hommes de lettres d'un côté, articles venimeux de l'autre. Au milieu, l'E.F.E.O voit l'occasion de frapper un grand coup pour enrayer un pillage sans cesse croissant : elle espère que les textes qui protègent enfin tous les temples connus et inconnus, entretenus ou non, seront appliqués. Pour le reste, H. Parmentier, témoin à charge au procès, rend hommage au discernement artistique de ces «jeunes amateurs».

ANDRÉ MALRAUX

LA VOIE ROYALE

ROMAN

UN ROMAN D'AVENTURES PAR — L'AUTEUR DES CONQUÉRANTS

ÉDITIONS BERNARD GRASSET
I Volume 15 fr.

l'exploitation coloniale qu'il a découverte. En 1930, il publie *La Voie royale*, version romancée de son expédition que plus tard Clara Malraux raconte dans ses mémoires.

Un autre livre sort de «l'affaire» : une luxueuse publication de l'Ecole française d'Extrême-Orient consacrée à Banteay Srei. Goloubew, amateur de beaux livres, en est le maître d'œuvre et y traite de l'iconographie : de belles et grandes photos illustrent le temple dont la presse a parlé. Finot étudie les inscriptions et Parmentier l'architecture : quelques années plus tard, on s'aperçoit que l'interprétation des inscriptions est erronée, la restitution de l'architecture aussi.

Chez les initiés : les questions d'un historien d'art parisien

Depuis le début des études sur l'art khmer, les tâches sont distribuées selon les disciplines : les épigraphistes fournissent les dates et les archéologues les acceptent, quitte à renoncer à celles que leurs «impressions d'artistes» leur ont suggérées.

Ainsi pour Banteay Srei. Ce temple, dont nous savons maintenant qu'il fut fondé en 967, est archaïsant par certains détails de sa décoration. Parmentier n'a donc pas tout à fait tort lorsque, révélant son existence, il l'attribue au début du Xe siècle en le rattachant à des monuments bien datés construits à l'extrême fin du siècle précédent à Roluos près d'Angkor. Mais, dans la grande publication de 1925, Finot interprète les inscriptions de telle manière que le temple ne peut plus dater que du XIVe siècle. Ce qui était un des fleurons de l'art angkorien naissant devient l'un de ses derniers éclairs de génie... En 1929, George Cœdès met définitivement les choses au point. Deux ans plus tôt,

Les images de Banteay Srei sont belles mais le sourire du Bayon est plus impressionnant; c'est lui qui est choisi pour faire vendre Malraux...

Louis Finot (à droite) prouve que le Bayon est bouddhique. George Cœdès (1886-1969, ci-dessous à droite, avec Paul Mus) publie huit volumes d'inscriptions du Cambodge. Henri Marchal (1876-1970, ci-contre), arrive au Cambodge en 1906 et y meurt en 1970 à Siem Réap-Angkor. C'est l'homme de l'exploration patiente, et celui de la première «anastylose» réussie. Son journal de fouilles est une mine de renseignements.

Philippe Stern, dans son ouvrage *Le Bayon d'Angkor et l'évolution de l'art khmer*, a remis en cause la chronologie d'ensemble de l'art khmer et les méthodes utilisées jusqu'à présent pour la fixer. Pour lui, l'art khmer n'est pas différent des autres : son histoire est celle d'une évolution irréversible qui ne peut se découvrir que par une méthode propre à cette science qu'est l'histoire de l'art. «Cette évolution [...] doit surgir spontanément de l'examen approfondi des œuvres», écrit-il en exposant sa méthode. Et il ajoute : «Ce n'est qu'après, les résultats étant acquis, qu'on les fait buter contre ceux qu'ont apportés, sur le même sujet, d'autres disciplines.» Par «autres disciplines», il entend surtout «l'épigraphie». Écrivant ces lignes en 1927, Stern ne savait pas que l'année suivante, la date qu'il proposait pour le Bayon serait corrigée : à la lumière de son travail, Cœdès, reprenant l'ensemble du dossier épigraphique, rendait enfin le Bayon à Jayavarman VII, le reconstructeur d'Angkor de la fin du XIIe siècle.

L'important était là : désormais, historiens de l'art et épigraphistes allaient mettre leurs sciences en commun pour rétablir en quelques années l'histoire d'Angkor et de ses monuments.

Entre voisins : une visite hollandaise

Lors de la fondation de la Conservation d'Angkor, le service archéologique des Indes néerlandaises, remarquablement organisé, a servi plus ou moins de modèle. En 1929, son directeur, le Dr van Stein-Callenfels, est invité à Angkor. Henri Marchal, alors conservateur, lui fait visiter les chantiers en cours et écrit le soir dans son journal de fouilles : «Nos méthodes de travaux et de dégagements sans remise en place des parties écroulées des édifices sont très violemment critiquées par lui [le Dr. van Stein-Callenfels].» Plus loin, après un long paragraphe consacré aux différences qui séparent les monuments khmers de ceux d'Indonésie, il admet qu'il y aurait lieu de s'inspirer de quelques-uns des procédés en usage chez les Hollandais.

Marchal est envoyé en Indonésie. A son retour, on décide d'entreprendre la première reconstruction intégrale, la première «anastylose». Le monument choisi est Banteay Srei, autant en raison de sa qualité artistique que de la certitude d'en retrouver presque toutes les pierres. Pour l'occasion, celles enlevées par Malraux reviendront du musée de Phnom Penh.

Pour les ouvriers de la Conservation comme pour Marchal, c'est un nouveau départ : de défricheurs ils deviennent constructeurs, les constructeurs d'Angkor. L'opération est réussie. Banteay Srei devient la perle d'Angkor, visite obligée pour tous les touristes, même les plus pressés. En outre, la reconstruction a permis de se rendre compte que le monument n'avait pas tout à fait l'allure que Parmentier lui avait donnée sur sa restitution graphique. La technique hollandaise était aussi moyen de connaissance.

La visite du Dr van Stein-Callenfels (à gauche) entraîne l'adoption d'une nouvelle technique de restauration, l'«anastylose». Désormais on commence par démonter entièrement les restes subsistants avant de reconstruire le monument en remplaçant les pierres manquantes par des éléments nouveaux clairement signalés.

La cité cosmique

Après les crises de la décennie précédente, Angkor retrouve sa majesté. Angkor Vat trône une fois de plus à l'Exposition coloniale, cette fois-ci à Paris. Au Cambodge, Goloubew, d'un avion, retrouve enfin la «vraie» ville de Yaçovarman; le «mont Central» est une vraie montagne, un «Phnom», le Phnom Bakheng que couronne une pyramide couverte de tours. Le Bayon fascine. Ses visages sont toujours mystérieux. Un jeune conservateur, George Trouvé, a recreusé en 1933 le puits qui

❝ Il reste encore sur la terre de vastes champs à défricher, de pacifiques batailles à livrer à la misère, à l'ignorance, à toutes les forces mauvaises de la nature. En montrant l'immense labeur déjà accompli par les nations colonisatrices, l'Exposition montrera, par surcroît, qu'il reste beaucoup à faire.**❞**
Maréchal Lyautey

L e septennat de Gaston Doumergue s'achève en beauté, par l'inauguration à Vincennes de l'Exposition coloniale internationale, en compagnie du maréchal Lyautey, commissaire général de l'Exposition.

s'enfonce sous la tour centrale. Il y a découvert, concassé et enfoui par des iconoclastes du XIIIe siècle, l'énorme bouddha mis en place autrefois par Jayavarman VII. En 1935, le roi Monivong préside à l'installation de la statue restaurée.

Mais qu'est ce Bayon? Comme les autres temples-montagnes, le tombeau de son fondateur. C'est aussi le pivot d'un gigantesque barattage que les géants des portes attelés aux serpents mettent en branle. C'est encore le centre de l'Univers, bordé par cette chaîne de montagnes qu'est la muraille de la Ville et ceint par l'océan qu'est la douve. C'est là qu'intervient Paul Mus : s'appuyant sur des inscriptions du Cambodge et des traditions indiennes, il montre que cette douve-océan n'est pas infranchissable : les serpents que tirent les géants ne sont pas que des cordes, ce sont des arcs-en-ciel qui relient le monde des hommes à celui des dieux.

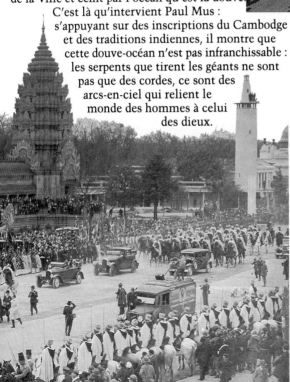

Comparable à ces temples d'Asie dont la beauté de *chaque détail* concourt à l'harmonie de l'ensemble : œuvres de générations d'artisans : la Lincoln, mécanique de précision avec ses 6,500 opérations effectuées au 25/1000 de m/m est le chef-d'œuvre de la construction automobile. Ainsi l'a voulu Henry Ford qui signe la Lincoln comme autrefois l'artisan signait son œuvre. *Royaume d'exposition : 77, Avenue des Champs-Elysées - PARIS*

LINCOLN

A l'occasion de l'Exposition, la réclame s'empare d'Angkor. «Comparable à ces temples d'Asie dont la beauté de chaque détail concourt à l'harmonie de l'ensemble, la Lincoln, est le chef-d'œuvre de la construction automobile.» Autres slogans : «Angkor défie les siècles, la montre Rolls les compte», tandis que «Plumes et poils n'y échappent pas, aux cartouches Gevelot.» Administrateurs, planteurs et négociants iront naturellement choisir leur tenue coloniale à la Belle Jardinière et, comme sous tous les climats, «A Angkor, Frigéco est le signe du progrès»...

Quelques années après la Seconde Guerre mondiale, le Cambodge recouvre son indépendance complète. A Angkor, les travaux ne se sont jamais arrêtés, même en 1945, où la guerre a frappé de plein fouet. Et pour le nouvel Etat, Angkor est plus que jamais le symbole d'une splendeur nationale retrouvée.

CHAPITRE VI

ANGKOR, LA GLOIRE D'UN PEUPLE

Pour les touristes, l'image d'Angkor est souvent celle d'un visage lié au-dessus de la porte d'un temple. Mais pour la nation cambodgienne, et quel que soit le régime, ce sont les cinq tours d'Angkor Vat qui figurent sur le drapeau.

Vers une résurrection : grands moyens, grands projets

La Conservation d'Angkor, dont la gestion est confiée à l'Ecole française d'Extrême-Orient en attendant que des archéologues khmers prennent la relève, se voit doter par la collaboration khméro-française de moyens sans commune mesure avec ceux qui étaient les siens. Le matériel est à la hauteur de ce qui est sans doute le plus grand chantier archéologique du monde. Aux côtés de l'architecte J.-P. Laur, puis surtout de l'archéologue qui lui succède en 1960, Bernard-Philippe Groslier (1926-1986) – fils de George Groslier –, l'équipe de spécialistes et de techniciens est de plus en plus nombreuse. Petit à petit, de jeunes étudiants de la faculté d'archéologie de Phnom Penh viennent y acquérir une formation pratique.

Ce renouvellement complet de l'outil permet d'envisager les travaux d'Angkor à une autre échelle. B.-P. Groslier restaure les tours en briques de Prasat Kravan dont l'intérieur est orné de bas-reliefs : l'opération, une première, est une réussite technique et esthétique; elle a nécessité entre autres la fabrication de briques au format ancien. Mais le cas du Baphuon est beaucoup plus caractéristique : ce temple-montagne, la «tour de bronze» de Tcheou Ta-Kouan, est depuis les années 1920 un casse-tête; les éboulements s'y succèdent en dépit de travaux de consolidation répétés mais partiels. Groslier décide de reprendre le problème à la base : le Baphuon sera reconstruit autour d'une forte carcasse de béton armé; c'est le temps des ingénieurs. Mais cette nouvelle anastylose, Groslier ne la conçoit que comme une «chirurgie» à n'employer qu'en dernier ressort. Elle est celle de grands projets, dont le dernier est celui d'Angkor Vat.

Véhicules, grues, excavateurs, instruments modernes pour la photographie, la topographie, la restauration des objets d'art, l'étude des maladies de la pierre... Ce matériel permet de réaliser un rêve : lancer la restauration complète d'Angkor Vat. Sur la photo ci-contre, les paillotes à gauche protègent le grand bas-relief du Barattage, après le démontage de la voûte.

Le premier travail est de ranger et de trier les blocs de pierre provenant du monument pour les remettre à leur place d'origine lors de la reconstruction. Sur le chantier du Baphuon (ci-contre, en bas), une partie de ces blocs a été récupérée lors du démontage du gigantesque Bouddha couché dont les dévots du XVIe siècle avaient recouvert la face ouest de la pyramide.

Bernard-Philippe Groslier a lancé une campagne de levés architecturaux de tous les monuments du groupe d'Angkor; l'essentiel de ces documents est aujourd'hui publié : en 1967, relevé du Bayon par Jacques Dumarçay (page suivante, l'axonométrie); en 1969, relevé d'Angkor Vat par Guy Nafilyan, puis de Ta Keo (1971) et du Phnom Bakheng (1972) par J. Dumarçay. Ce dernier vient aussi de publier les relevés partiels de quelques autres monuments, travaux laissés inachevés en 1970.

La nouvelle histoire

Les fouilles menées jusque-là avaient toutes été des sondages localisés. Celles qu'entreprend Groslier (avant d'être conservateur), en particulier au palais royal et près du Srah Srang, ont une autre ampleur : menées par un archéologue de métier rompu aux techniques modernes, ce sont les hommes d'Angkor qu'elles recherchent. Le nouveau levé topographique du site permet de retrouver la «cité hydraulique» dans ses différentes étapes. L'histoire monumentale de la Ville surgit du renouvellement complet de la description graphique des temples et des études qui l'accompagnent. Restaurés, photographiés et décrits, les sculptures, bronzes et poteries accumulés depuis le début du siècle participent à cette résurrection.

Les travaux et les recherches ne se limitent pas à Angkor. A l'ouest les temples de la région de Battambang, à l'est Beng Méaléa, le Grand Prah Khan et les temples jalonnant la route qui les joint sont dégagés, étudiés. Des fouilles ont lieu à Sambor Prei Kuk. Comme au temps de Jayavarman VII, le grand pont de Kompong Kdei sur la route de Kompong Thom, restauré, porte le trafic qui se presse vers Angkor.

Les recherches menées sur le terrain dans les années 1960 ont été souvent interrompues avant leur terme par les événements de 1970. Parmi les travaux parus, on note d'importantes séries de documents graphiques nouveaux. Des fouilles de B.-P. Groslier, seule celle du Srah Srang a été publiée en 1988.

La recherche ne se fait pas uniquement entre les murs de la Conservation. La même période voit paraître un nouvel ouvrage de Philippe Stern sur les monuments de l'époque du Bayon (1965) et surtout, tant attendu, le manuel d'archéologie du Cambodge de Jean Boisselier (1966).

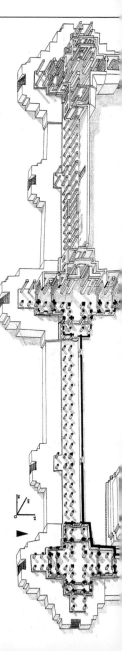

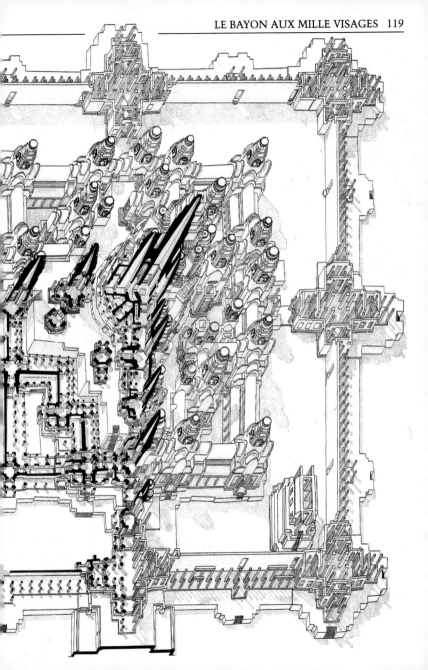

A Kbal Spean, c'est le rocher brut qui a été sculpté et le site n'a sans doute jamais comporté d'édifice construit en matériau durable. En effet, la montagne est ici l'Himalaya, séjour des dieux que l'on figure par des sculptures, et la rivière, le Gange qui descend vers la Ville, séjour des meilleurs des hommes, des rois khmers.

Le dernier coureur des bois

Un ethnologue de l'Ecole française d'Extrême-Orient s'installe au Phnom Kulen. Depuis sa jeunesse ariégeoise, Jean Boulbet est un grand marcheur, et ses amis villageois l'entraînent dans de longues courses pour voir les «merveilles» autour desquelles ils ont bâti leur histoire. Un jour le «maître aux longs cheveux», ermite réputé, leur conseille de remonter une rivière car «les roches so nt belles, le lieu est intéressant, il y a des gravures anciennes sur la pierre : une grenouille, un taureau, des lettres aussi; [...] le paysage est beau».

Ce que Jean Boulbet et ses amis retrouvent alors est encore plus extraordinaire. Le lit de la rivière coupé de cascades, surmonté d'un pont rocheux qui donne son nom au lieu, Kbal Spean, la «tête du pont», est couvert de sculptures : grenouilles, taureaux, mais aussi d'innombrables *linga* de Çiva, des Vichnou dormant sur le serpent, tous ondoyés en permanence. Sur une paroi, un dieu debout sous un portique sur lequel se trouve un gros lézard de pierre. A côté, les inscriptions annoncées. Partout,

des lianes. Cette «rivière aux mille-linga», n'est autre qu'une des deux branches supérieures de «la» Rivière, celle qui, domestiquée et canalisée, irrigue Angkor.

Le Prince et ses amis

Pour Norodom Sihanouk, la venue régulière de grands de ce monde est le gage du maintien du Cambodge dans la paix. La visite d'Angkor est là pour leur rappeler que ce qui est à protéger n'est pas seulement le calme d'un pays où il fait bon vivre. Celle du général de Gaulle se termine en apothéose, contrepoint à la grande manifestation du stade olympique où la veille on a entendu le «discours de Phnom Penh».

Jeux et fêtes à Angkor

Pour le millénaire de Banteay Srei, la forêt est toujours là; mais pour la fête les touristes sont venus en nombre se joindre à la foule grâce à la route nouvelle qui met le temple à vingt minutes à peine d'Angkor. Autre fête plus officielle mais combien symbolique à Angkor Thom,

Pour De Gaulle, Angkor Vat, embrasé par les projecteurs, raconte l'histoire d'Angkor. D'autres spectacles auront lieu, pour le maréchal Tito par exemple, suivis par une foule fascinée venue de partout retrouver son passé.

redevenue un instant capitale du royaume : sur la place royale, on trace le «sillon sacré»; c'est le premier labour; à la fin de la cérémonie, les bœufs de «l'Auguste charrue» sont dirigés vers des plats en argent : les uns contiennent diverses sortes de grains, un autre de l'herbe fraîche, un autre de l'eau, le dernier de l'alcool. Selon le choix des bœufs telle moisson sera belle, les troupeaux seront malades, les eaux seront abondantes et la paix régnera, le malheur s'abattra sur le royaume. Ce jour-là, la moisson de riz fut annoncée belle sous les applaudissements.

Les crémations de saints personnages sont des fêtes au Cambodge. Vers la fin des années 1960, celle du «Vénérable» – le Supérieur – d'un des monastères de Siem Réap donna lieu, comme de coutume, à la construction d'un édifice – un Men, c'est-à-dire un mont Meru – au centre duquel se trouve le bûcher. Moins fidèle à la lettre que les reconstitutions de Marseille ou de Paris mais tellement plus vivant, ce temple de bambou avait été bâti à leurs heures de loisir par les ouvriers de la Conservation. Ses bas-reliefs étaient les images colorées qu'ils avaient peintes sur ses longs murs de papier blanc : comme à Angkor Vat, on y voyait Hanuman, le dieu singe, et beaucoup d'autres.

Joyeux, le roi des Singes construit le pont qui franchit l'océan.

La cité des étoiles

Depuis longtemps Angkor attire les cinéastes. Maintenant les temples deviennent le monde de *Lord Jim*. Norodom Sihanouk y tourne là des épisodes de ses nombreux films. Il en est parfois l'acteur, comme dans *Ombre sur Angkor*, où il relate un des épisodes sanglants qui ont marqué la province de Siem Réap dans les années 1950. Une autre fois il met en scène

Tous les ans au mois d'avril, lors des fêtes du Chaul Chnam, le nouvel an khmer, le Cambodge tout entier semble déferler sur Angkor Vat dont les galeries deviennent pour quelques jours grouillantes de monde; on y dort, on y mange, on y joue, on y rit. Le reste de l'année, les pèlerins sont nombreux, les mangues bonnes et les marches du perron de la chaussée confortables à l'ombre du lion ou du nâga.

Angkor, c'est aussi la danse, pour le plaisir des touristes. La grâce et la joie de se parer sont toujours les mêmes.

une charge furieuse d'éléphants de guerre au milieu de soldats angkoriens au pied d'Angkor Vat. Ces tournages attirent toujours du monde : curiosité de voir le chef de l'Etat mais aussi plaisir de voir la ville revivre. Quelques années plus tard, les temples khmers d'*Apocalypse Now* sont de carton-pâte et construits ailleurs.

La rançon du succès

Si la richesse de l'Occident fait la fortune d'Angkor par le nombre des touristes qui y viennent, elle multiplie aussi les collectionneurs. Plaie endémique, le pillage s'accroît : dans les temples isolés mais aussi dans les endroits les plus fréquentés, les mieux gardés. Une nuit c'est la tête d'animal d'un des gardiens hybrides de Banteay Srei qui disparaît. Un matin on découvre que la tête du Roi lépreux a été attaquée à la scie. La seule solution est de ramener au dépôt de sculptures les statues laissées jusque-là dans leur cadre normal. Des moulages remplacent certaines, ailleurs les visiteurs ne trouvent plus que les socles vides.

Le mystère d'Angkor est un filon inépuisable, l'héroïne est toujours belle, le prince charmant. Ici le bon est naturellement un agent de la CIA. Le tournage d'un film patriotique est bien difficile, personne ne voulait jouer les envahisseurs pourchassés par les Khmers au pied d'Angkor Vat.

Décapitée au burin par des voleurs en 1969, la plus grande de ces statues a eu la chance de retrouver sa tête, récupérée au moment où on lui faisait passer la frontière.

Avril 1970. La population de Siem Réap tout entière suit le cortège funèbre d'Henri Marchal. Moins de deux mois plus tard, la guerre civile atteint la ville

De la Conservation installée en lisière de la ville, les collections les plus précieuses sont envoyées à l'abri dans les caves du musée de Phnom Penh. Les pièces trop lourdes pour être chargées dans des avions disparaissent derrière des sacs de sable ou des boucliers de béton. La ligne de feu se stabilise entre Siem Réap et Angkor Vat. Au-delà, les travaux se poursuivent pendant deux ans. L'histoire est exemplaire et vaut la peine d'être racontée.

Venant des villages de la région Nord, près de 3 000 personnes se sont réfugiées à Angkor Vat ; parmi elles, de nombreux ouvriers d'Angkor. Chaque matin un cortège de cyclistes arrive d'Angkor à la Conservation et repart traverser la ligne de feu chargé de sacs de ciment, de fers à béton, de carburant pour les grues, etc. Deux fois par semaine, à bicyclette eux aussi, B.-P. Groslier et J. Boulbet se rendent de l'«autre côté» ; ils inspectent les travaux et apportent, le cas échéant, la paye des ouvriers que le gouvernement de Phnom

De tout temps, les militaires de tout poil ont aimé se pavaner en armes dans Angkor Vat, comme pour se parer de la gloire du lieu. Certains l'ont pris pour cible, d'autres y ont gravé leur nom, celui-là son ombre, moins dangereuse... pour le temple tout au moins.

Penh, parfaitement au courant de la situation, continue à régler ponctuellement. Ainsi en pleine guerre, deux camps ennemis ont jugé qu'il fallait qu'Angkor continue et ceux qui s'occupaient d'Angkor ont jugé, eux, tout naturel de continuer à le faire.

Trop belle, la chose ne dure guère ; après deux ans, il faut arrêter les travaux. Si le Baphuon est efficacement protégé, le temps a manqué pour conduire le chantier d'Angkor Vat à un terme permettant de l'interrompre sans dommage : la galerie du Barattage va souffrir des années d'abandon qui vont suivre.

Dans les années 1980, la division du Cambodge limite les efforts – nationaux et internationaux – pour une reprise des travaux du plus vaste chantier archéologique du monde. En 1994, dans son décret-loi n° 1, le Prince redevenu Roi d'un Cambodge enfin réuni fixe les règles qui doivent protéger le site d'Angkor des aménagements sauvages et des appétits mercantiles. Désormais, c'est un pays souverain qui coordonne ses propres efforts à l'aide proposée par la communauté internationale. Quant à celle-ci, elle a su dominer ses rivalités pour assurer la pérennité de la Ville, inscrite depuis 1992 sur la liste du Patrimoine mondial.

Angkor Vat n'a sans doute jamais été abandonné par les dévots, mais sa permanence doit beaucoup aux générations de simples balayeurs qui ont assuré son entretien quotidien, en escouades nombreuses dans les périodes fastes, solitaires dans les autres, mais toujours présents.

TÉMOIGNAGES
ET DOCUMENTS

Angkor
à travers
ceux qui l'ont visitée
interprétée
reconstruite

Le voyage d'Angkor

Même pour les plus blasés, Angkor est un monde nouveau. Cherchant à le comprendre, chacun s'y révèle.

Un Chinois en ambassade

Sur la valeur de son ouvrage
Sans doute les coutumes et les choses du pays n'ont pu nous être connues dans tous leurs détails ; du moins avons-nous été en mesure d'en discerner les points principaux

Le Cambodge
Ce sont, pensons-nous, ces monuments [d'Angkor Thom] qui ont motivé cette louange du « Cambodge riche et noble » que les marchands d'outre-mer ont toujours répétée.[...]

Chaque village a ou bien un temple, ou bien une tour [...]. Sur les grandes routes il y a des lieux de repos analogues à nos relais de poste.

Le roi du Cambodge
...tout en étant un royaume de barbares, ces gens ne laissent pas de savoir ce que c'est qu'un prince. [...]

Seul le prince peut se vêtir d'étoffes à ramages continus. Il porte un diadème d'or [...]. Parfois il ne porte pas de diadème et enroule simplement une guirlande de fleurs odorantes qui rappellent le jasmin. Sur le cou il porte environ trois livres de grosses perles. Aux poignets, aux chevilles et aux bras, il a des bracelets et des bagues d'or enchâssant tous des œils-de-chat. La plante de ses pieds et la paume de ses mains sont teintes en rouge [...]. Quand il sort, il tient à la main une épée d'or.

La simplicité des Cambodgiens
D'une façon générale les gens de ce pays sont extrêmement simples. Quand ils voient un Chinois, ils lui témoignent de beaucoup de crainte respectueuse et l'appellent « Buddha ». En l'apercevant,

‘‘Des généraux de pierre’’

ils se jettent à terre et se prosternent. Depuis quelque temps il y en a aussi certains qui trompent les Chinois et leur font tort. Cela tient au grand nombre de ceux qui y sont allés.

Tous, à commencer par le souverain, hommes et femmes se coiffent en chignon et ont les épaules nues. Ils s'entourent simplement les reins d'un morceau d'étoffe. Quand ils sortent, il y ajoutent une bande de grande étoffe qu'ils enroulent par-dessus la petite. [...]

Après être allés aux lieux, ils entrent toujours dans le bassin pour se laver mais n'y emploient que la main gauche ; la main droite est réservée pour la nourriture. Quand ils voient un Chinois se rendre aux lieux, ils le raillent et vont jusqu'à désirer qu'il ne passe pas leur seuil.

Les Chinois au Cambodge
Les Chinois qui arrivent en qualité de matelots trouvent commode que dans ce pays on n'ait pas à mettre de vêtements, et comme en outre le riz est facile à gagner, les femmes faciles à trouver, les maisons faciles à aménager, le commerce facile à diriger, il y en a constamment qui désertent pour y [rester]. [...]

Si un Chinois en arrivant là-bas commence toujours par prendre femme, c'est qu'il profite en outre des aptitudes commerciales de celle-ci.

Description de la ville
   L'enceinte et les portes
La muraille de la ville a environ vingt stades de tour. Elle a cinq portes et chaque porte est double. Du côté de l'Est s'ouvrent deux portes ; les autres côtés n'ont tous qu'une porte. A l'extérieur de la muraille est un grand fossé ; à l'extérieur du fossé les grands ponts des fossés d'accès. De chaque côté des ponts, il y a cinquante-quatre divinités de pierre, qui ont l'apparence de « généraux de pierre » ; ils sont gigantesques et terribles. [...]

Les cinq portes sont semblables. Les parapets des ponts sont entièrement en pierre, taillée en forme de serpents qui ont tous neuf têtes. Les cinquante-quatre divinités retiennent toutes le serpent avec leurs mains et ont l'air de l'empêcher de fuir. [...]

Au-dessus de chaque porte de la muraille, il y a cinq grandes têtes de Buddha en pierre, dont les visages sont tournés vers les quatre points cardinaux ; au centre est placée une des cinq têtes qui est ornée d'or. [...]

La muraille est entièrement faite de blocs de pierre superposés ; elle est haute d'environ deux toises. Il n'y a aucun créneau. Sur le rempart, on a semé en certains endroits des arbres *kouang-lang* (arbres à sagou). De distance en distance sont des chambres vides. Le côté intérieur de la muraille est comme un glacis large de plus de dix toises. Au haut de chaque glacis, il y a de grandes portes, fermées à la nuit, ouvertes au matin. Il y a également des gardiens des portes. L'entrée des portes n'est interdite qu'aux chiens.

La muraille est un carré très régulier et sur chaque côté il y a une tour de pierre. L'entrée des portes est également interdite aux criminels qui ont eu les orteils coupés.

   L'intérieur de la ville
Au centre du royaume [sic] il y a une Tour d'or [le Bayon] flanquée de plus de vingt tours de pierre et de plusieurs centaines de chambres de pierre. Du côté de l'Est est un pont d'or ; deux lions d'or sont disposés à gauche et à droite du pont ; huit Buddha d'or sont disposés au bas des chambres de pierre. [...]

Neak Pean, la tour et le bassin dans l'île du Lac septentrional.

A environ un stade au Nord de la Tour d'or, il y a une tour de bronze [le Baphuon] encore plus haute que la Tour d'or et dont la vue est réellement impressionnante ; au pied de la Tour de bronze il y a également plus de dix chambres de pierre. [...]

Encore environ un stade plus au Nord [du Baphuon], c'est l'habitation du souverain. Dans ses appartements de repos, il y a à nouveau une Tour d'or [le Phiméanakas ?].

Le palais royal
Le palais royal ainsi que les bâtiments officiels et les demeures nobles font tous face à l'Est. [...] Les tuiles de l'appartement principal sont en plomb [...]. Les longues vérandas, les corridors couverts s'élancent et s'enchevêtrent, non sans quelque harmonie. Là où le souverain règle ses affaires, il y a une fenêtre en or [...]. J'ai entendu dire qu'à l'intérieur du palais il y avait beaucoup d'endroit merveilleux ; mais les défenses sont très sévères et il m'a été impossible de les voir.

Pour moi, chaque fois que je pénétrai au palais pour voir le souverain, celui-ci sortait toujours avec sa première épouse et s'asseyait dans [l'encadrement de] la fenêtre d'or de l'appartement principal.

Pour ce qui est de la Tour d'or à l'intérieur du palais, le souverain va coucher la nuit à son sommet [...].

En face du palais royal il y a douze petites tours de pierre [les Prasat Suor Prat]. [...]

Les habitations des princes et des grands officiers ont une tout autre disposition que les maisons du peuple [...]. Le commun du peuple ne couvre qu'en chaume, et n'oserait mettre sur sa demeure le moindre morceau de tuile.

Les environs de la ville

La tour de pierre [Baksei Chamkrong ?] est à un demi-stade en dehors de la porte du Sud ; on raconte que Lou Pan [ancien architecte chinois légendaire] l'érigea en une nuit. La tombe de Lou Pan [Angkor Vat] est à environ un stade en dehors de la porte du Sud et a à peu près dix stades de tour ; il y a plusieurs centaines de chambres de pierre. [...]

Le Lac oriental [sic : il s'agit du Baray occidental] est à environ dix stades à l'Est [sic] de la ville murée, et a à peu près cent stades de tour. Au milieu, il y a une tour de pierre et des chambres de pierre. Dans la tour est un Buddha couché en bronze, dont le nombril laisse continuellement couler de l'eau. [...]

Le Lac septentrional [Baray de Prah Khan] est à cinq stades au Nord de la ville murée. Au milieu il y a une tour d'or carrée [Neak Pean] et plusieurs dizaines de chambres de pierre. Pour ce qui est du lion d'or, Buddha d'or, éléphant de bronze, bœuf de bronze, cheval de bronze, tout cela s'y trouve. [...]

Fêtes sur la place royale

Ces gens font toujours de la dixième lune chinoire [...]. En avant du palais royal on assemble une grande estrade pouvant contenir plus de mille personnes, et on la garnit entièrement de lanternes et de fleurs. En face, à une distance de vingt toises [...] on assemble une haute estrade [...]. Au sommet en place des fusées et des pétards. Ces dépenses sont supportées par les provinces et les maisons nobles. La nuit tombée, on prie le souverain de venir assister au spectacle. On fait partir les fusées et on allume les pétards. Les fusées se voient à plus de cent stades ; les pétards sont gros comme des pierriers, et leur explosion ébranle toute la ville. Mandarins et nobles contribuent avec des cierges et de l'arec ; leurs dépenses sont considérables. Le souverain invite aussi au spectacle les ambassadeurs étrangers.

Mémoires sur les coutumes du Cambodge de Tcheou Ta-Kouan,
traduction de Paul Pelliot
Paris, Adrien Maisonneuse, 1951

Un voyageur portugais à Angkor Vat

La description d'Angkor par Diogo do Couto (1543-1616), chroniqueur officiel de l'Inde portugaise au début du XVIIe siècle, repose sur le témoignage d'un frère capucin qui a sans doute séjourné à Angkor vers 1585-1588. Oubliée semble-t-il lors de la publication en 1614 du volume où elle devait se trouver, elle a été découverte en 1954 et publiée, accompagnée d'une traduction française, par B.-P. Groslier dans « Angkor et le Cambodge au XVIe siècle d'après les sources portugaises et espagnoles » (Paris, 1958), l'ouvrage duquel sont tirés ces renseignements ainsi que l'extrait que nous donnons ici.

A une demi-lieue de cette ville [Angkor Thom] il est un temple nommé Angar [Angkor Vat], construit sur un très beau terrain plat et découvert. Ce temple a cent soixante pas de long, et il est d'une construction si étrange qu'on ne peut le décrire avec la plume, non plus qu'on ne saurait le comparer à aucun autre monument dans le monde. Le corps central comprend quatre nefs et le toit de leurs voûtes, des plus décorés, jaillit en un dôme pointu très élevé, construit sur de nombreuses colonnes travaillées avec tous les raffinements que le génie humain peut concevoir. [Le temple] a été bâti sur un superbe soubassement de très grandes dalles de la même pierre que le reste de l'ouvrage, que l'on gravit par des degrés fort bien ciselés et remarquables, qui le flanquent tout alentour. A chaque angle de ce grand édifice principal du temple s'en dressent d'autres plus petits, dont le style répond à celui du (corps) principal, et qui se terminent tous en dômes très pointus de

Au XVIIIᵉ siècle, les cartes ignorent Angkor.

Le livre de Mgr Pallegoix démarqué par Bowring inspira Mouhot.

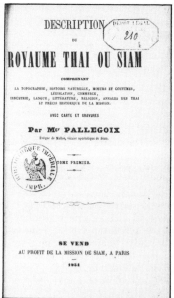

sorte qu'ils se voient de plus de quatre lieues, entièrement dorés à leur sommet, avec leurs globes et leurs bannières. Le temple est entouré par une douve d'une portée de mousquet de largeur et de sept brasses de profondeur, et par-dessus laquelle est jeté un pont qui correspond à la seule porte que possède la cour centrale ; à l'entrée (de ce pont) se trouvent deux tigres de pierre, un de chaque côté, si véritablement grands et épouvantables qu'ils frappent de terreur ceux qui entrent par là. Tout le pont est couvert d'arcs des plus délicatement sculptés en pierre de taille, chose très digne d'être vue. Ce temple est entouré de nombreuses et belles dépendances, et les pilliers des galeries comme les balustres des fenêtres [sont] de la même pierre, si bien polis qu'ils semblent avoir été façonnés au tour.

Un missionnaire qui n'est pas allé à Angkor

C'est près des rives de ce lac [le Grand Lac] que sont situées les ruines merveilleuses de Nokorvat. Elles consistent en un vaste palais, en colonnes, pyramides et temples ou pagodes, le tout construit en marbre ciselé ; on y remarque des dômes et des voûtes d'un travail si surprenant que les Cambodgiens n'en parlent jamais sans dire que c'est l'ouvrage des anges et non pas des hommes. Il est probable que ces ruines remontent au temps du fameux roi du Cambodge Phra-Pathum-Surivong, sous le règne duquel un talapoin de Ceylan apporta les livres sacrés des Bouddhistes et introduisit la religion de Bouddha dans cette contrée.

Mgr Pallegoix,
Description du royaume thaï ou Siam
Paris, 1854

Un missionnaire qui est allé à Angkor

Charles-Émile Bouillevaux, né en Haute-Marne en 1823, entre au séminaire des Missions étrangères de Paris en 1845 : ordonné prêtre en juin 1848 par Mgr Affre, il part en septembre de la même année pour la Cochinchine où il arrive en mai 1849. Il y passe près de deux ans caché par les communautés chrétiennes qui l'accueillent à tour de rôle. En 1850 il se réfugie au Cambodge où il voyage et visite au passage Angkor en décembre 1850. Il se rend ensuite au Laos (1853) puis s'installe dans la province de Battambang (1855). C'est pendant cette période que paraît à Paris en 1858 son « Voyage en Indochine 1848-1856 » qui contient la première version de sa description d'Angkor que nous reproduisons ici. Après un séjour en France (1865-1867) il retourne en Cochinchine comme curé d'un village des environs de Saïgon. Il rentre en France définitivement en 1873 et publie en 1874 « L'Annam et le Cambodge » où la description d'Angkor est développée et accompagnée d'une diatribe sur la « découverte » du site. Il meurt en 1913.

Pour apprécier la richesse et la civilisation de l'ancien royaume du Cambodge il faut aller à Angkor, de l'autre côté du grand lac, à un peu plus de deux journées de Battambang. C'est là seulement qu'on peut avoir une idée exacte de ce qu'a été autrefois le Maha Nokor Khmer. L'Orient moderne s'est endormi dans le plaisir et dans la mollesse, il ne compte plus dans notre siècle ; l'Orient antique est la plage mystérieuse de la science sacerdotale et des ruines gigantesques.

Après avoir quitté la ville actuelle d'Angkor, je marchai pendant plus d'une lieue sur un sable brûlant qui mit mes pauvres pieds nus dans un triste état. Enfin j'arrivai tout-à-coup, au

Les mêmes dieux toujours honorés...

sortir de la forêt, près d'une large chaussée de pierres de taille dont l'entrée était gardée par des lions de fantaisie. En suivant cette chaussée qui traverse un étang où mangeait et se baignait un troupeau de buffles, je vis, çà et là, plusieurs petits kiosques en partie détruits ; les ruines en révélaient encore l'ancienne élégance. Je passai plus loin sous deux galeries quadrangulaires assez étroites, couvertes de sculptures, puis je me trouvai devant la pagode proprement dite.

La pagode d'Angkor, assez bien conservée, mérite de figurer à côté de nos plus beaux monuments : c'est la merveille de la péninsule indochinoise. Le temple bouddhique ne ressemble nullement à une église d'Europe. Le principal corps du bâtiment présente un carré parfait : à chaque angle s'élève une belle tour qui se termine en dôme, et, au milieu, se dresse une cinquième tour plus haute que les autres. De grandes galeries dont les murs sont décorés de sculptures, réunissent toutes ces tours. Il faudrait connaître l'art du dessin pour donner une idée exacte de la pagode d'Angkor : c'est un genre d'architecture tout particulier. Malgré sa bizarrerie je trouvai ce monument grandiose, magnifique.

J'ai déjà dit que l'enseignement public, la prédication, n'existait pas chez les adorateurs de Sommocudom : une pagode n'est donc pas un lieu où l'on vient pour être instruit. Il paraît que la pagode d'Angkor fut construite pour recevoir les livres sacrés venus de Ceylan. Sous la tour centrale on voit une statue fort médiocre de Bouddha, donnée dit-on par le roi de Siam ; plusieurs autres statues de divinités indiennes, plus ou moins endommagées, reçoivent aussi, dans ce temple, les hommages des Cambodgiens. Les pauvres idolâtres viennent, au jour des solennités, se prosterner devant tous ces monstres et brûler à leurs pieds des allumettes parfumées, tandis que les bonzes psalmodient leurs prières bali.

Ces prêtres païens n'habitent plus maintenant les galeries de l'ancien temple ; ils demeurent dans de chétives cabanes en bois et en paille, tout près du superbe monument élevé par leurs pères. Pendant que j'admirais ces restes de l'antique splendeur du Cambodge, les bonzes, appelés à l'office par le gong et le tam-tam, allèrent réciter en bali des prières qu'ils ne comprenaient même pas.

Quand j'eus visité la pagode, je me dirigeai vers l'ancienne ville, autrefois séjour des rois. Bientôt je franchis les remparts qui subsistent encore et pénétrai dans l'enceinte en passant sous une porte assez bien conservée. A environ une demi-lieue du mur d'enceinte, je trouvai des ruines immenses qu'on me dit être celles du palais royal. Le genre d'architecture paraît ressembler à celui de la pagode ; sur les murs, entièrement sculptés, je vis des combats d'éléphants, des hommes luttant avec la massue et la lance, d'autres tirant de l'arc et trois flèches partant à la fois. Ces ruines ne sont pas les seules : l'intérieur de l'ancienne ville en est couvert. Tout ce que j'ai remarqué à Angkor me prouve, jusqu'à l'évidence, que le Cambodge a été autrefois riche, civilisé et beaucoup plus peuplé qu'il ne l'est actuellement ; mais toutes ces richesses ont disparu, cette civilisation est éteinte. Aujourd'hui une épaisse forêt remplit l'enceinte de l'ancienne capitale et des arbres gigantesques croissent au milieu des palais en ruine. Il est peu de

Mouhot bivouaquant dans la forêt laotienne.

sensations plus tristes que celles qu'on éprouve en voyant déserts des lieux qui ont été jadis le théâtre de scènes de gloire et de plaisir...

Charles-Emile Bouillevaux,
Voyage en Indochine 1848-1856, 1858

Le découvreur « officiel »

Après avoir visité les ruines dont nous venons de parler, le 20 janvier, au lever de l'aurore, M. Sylvestre et moi nous partîmes pour Ongkor, situé au nord-est du lac, et le 22 nous arrivâmes à l'embouchure d'un petit cours d'eau que dans la saison des pluies nous aurions pu remonter presque jusqu'à la nouvelle ville. [...]

Arrivés à Ongkor, nous fîmes halte dans un petit caravansérail à moitié détruit par les voyageurs de toute espèce, qui en ont arraché tout ce qu'ils ont pu de bois pour faire cuire leur riz.

Le Cambodgien n'est pas hospitalier, et il n'admet que rarement un étranger dans son intérieur ; s'il le fait, ce n'est que pour un temps très-limité, contrairement aux usages des pays voisins.

Nokhor ou Ongkor était la capitale de l'ancien royaume du Cambodge, ou de Khmer, si fameux autrefois parmi les grands États de l'Indo-Chine, que la seule tradition encore vivante dans le pays rapporte qu'il comptait cent vingt rois tributaires, une armée de cinq millions de soldats, et que les bâtiments du trésor royal couvraient à eux seuls un espace de plusieurs lieues.

Dans la province qui a conservé le même nom et qui est située à l'est du grand lac Touli-Sap, vers le quatorzième degré de latitude et le cent deuxième de longitude à l'orient de Paris, se trouvent des ruines si imposantes, fruits d'un travail tellement prodigieux, qu'à leur aspect on est saisi de la plus profonde admiration, et que l'on se demande ce qu'est devenu le peuple puissant, civilisé et éclairé, auquel on pourrait attribuer ces œuvres gigantesques.

Un de ces temples surtout, qui figurerait avec honneur à côté de nos plus belles basiliques, et qui l'emporte pour le grandiose sur tout ce que l'art des Grecs ou des Romains a jamais édifié, fait un contraste étonnant et pénible avec le triste état de barbarie dans lequel est plongé ce qui reste des descendants du grand peuple, auteur de ces constructions.

Malheureusement le temps qui ne respecte rien, les invasions de barbares venus de tous les points de l'horizon, et dernièrement les Siamois modernes, peut-être aussi les tremblements de terre, ont bouleversé la plus grande partie de ces somptueux monuments.

L'œuvre de destruction continue même pour ceux qui s'élèvent encore, imposants et majestueux, à côté d'amas de décombres, et c'est en vain que l'on cherche d'autres souvenirs historiques de tous les rois qui ont dû se succéder sur le trône de l'*auguste royaume Maha-Nokhor-Khmer*, que celui d'un roi lépreux auquel quelques-uns attribuent la fondation du grand temple. Tout le reste est totalement oublié ; les quelques inscriptions qui couvrent certaines parois sont indéchiffrables pour les lettrés du pays, et lorsque l'on interroge les indigènes sur les fondateurs d'Ongkor-Wat, ils font invariablement une de ces quatre réponses : « C'est l'ouvrage du roi des anges, Pra-Enn, » ou bien : « C'est l'œuvre des géants, » ou encore : « On doit ces édifices au fameux roi lépreux, » ou enfin : « Ils se sont créés d'eux-mêmes. »

Nous commencerons notre étude par le temple d'Ongkor, qui est le plus beau et surtout le mieux conservé de tous ces monuments ; c'est aussi le premier qui sourit au voyageur, lorsqu'il arrive d'Ongkor la neuve, lui fait oublier les fatigues du voyage, le transporte d'admiration et le remplit d'une joie bien plus vive encore que ne le ferait la rencontre de la plus riante oasis au milieu du désert. Subitement, et comme par enchantement, on se croit transporté de la barbarie à la civilisation, des profondes ténèbres à la lumière. [...]

Après trois heures de marche dans un sentier couvert d'un lit profond de poussière et de sable fin qui traverse une forêt touffue, nous débouchâmes tout à coup sur une belle esplanade pavée d'immenses pierres bien jointes les unes aux autres, bordée de beaux escaliers qui en occupent toute la largeur et ayant à chacun de ses quatre angles deux lions sculptés dans le granit.

Quatre larges escaliers donnent accès sur cette plate-forme.

De l'escalier nord, qui fait face à l'entrée principale, on longe pour se rendre à cette dernière une chaussée longue de deux cent trente mètres, large de neuf, couverte ou pavée de larges pierres de grès et soutenue par des murailles excessivement épaisses.

Cette chaussée traverse un fossé d'une grande largeur qui entoure le bâtiment, et dont le revêtement, qui a trois mètres de hauteur sur un mètre d'épaisseur, est aussi formé de blocs de concrétions ferrugineuses, à l'exception du dernier rang, qui est en grès, et dont chaque pierre a l'épaisseur de la muraille.

Épuisés par la chaleur et une marche pénible dans un sable mouvant, nous nous disposions à nous reposer à l'ombre des grands arbres qui ombragent l'esplanade, lorsque, jetant les yeux du côté de l'est, je restai frappé de surprise et d'admiration.

Au-delà d'un large espace dégagé de toute végétation forestière s'élève, s'étend une immense colonnade surmontée d'un faîte voûté et couronnée de cinq hautes tours. La plus grande surmonte l'entrée, les quatre autres les angles de l'édifice ; mais toutes sont percées, à leur base, en manière d'arcs triomphaux. Sur l'azur profond du ciel, sur la verdure intense des forêts de l'arrière-plan de cette solitude, ces grandes lignes d'une architecture à la fois élégante et majestueuse me semblèrent, au premier abord, dessiner les contours gigantesques du tombeau de toute une race morte ! [...]

Nous mîmes une journée entière à parcourir ces lieux, et nous marchions de merveille en merveille, dans un état d'extase toujours croissant.

Ah ! que n'ai-je été doué de la plume d'un Chateaubriand ou d'un Lamartine, ou du pinceau d'un Claude Lorrain, pour faire connaître aux amis des arts combien sont belles et grandioses ces ruines peut-être incomparables, seuls vestiges d'un peuple qui n'est plus et dont le nom même, comme celui des grands hommes, artistes et souverains qui l'ont illustré, restera probablement toujours enfoui sous la poussière et les décombres.

J'ai déjà dit qu'une chaussée traversant un large fossé revêtu d'un mur de soutènement très-épais conduit à la colonnade, qui n'est qu'une entrée, mais une entrée digne du grand temple. De près, la beauté, le fini et la grandeur

« Une architecture à la fois élégante et majestueuse. »

des détails l'emportent de beaucoup encore sur l'effet gracieux du tableau vu de loin et sur celui de ses lignes imposantes. [...]

L'or, les couleurs ont presque totalement disparu de l'édifice, il est vrai ; il n'y reste que des pierres ; mais que ces pierres parlent éloquemment ! Comme elles proclament haut le génie, la force et la patience, le talent, la richesse et la puissance des « Kmerdôm » ou Cambodgiens d'autrefois !

Qui nous dira le nom de ce Michel-Ange de l'Orient qui a conçu une pareille œuvre, en a coordonné toutes les parties avec l'art le plus admirable, en a surveillé l'exécution de la base au faîte, harmonisant l'infini et la variété des détails avec la grandeur de l'ensemble et qui, non content encore, a semblé chercher partout des difficultés pour avoir la gloire de les surmonter et de confondre l'entendement des générations à venir !

Par quelle force mécanique a-t-il soulevé ce nombre prodigieux de blocs énormes jusqu'aux parties les plus élevées de l'édifice, après les avoir tirés de montagnes éloignées, les avoir polis et sculptés ?

Lorsqu'au soleil couchant mon ami et moi nous parcourions lentement la superbe chaussée qui joint la colonnade au temple, ou qu'assis en face du superbe monument principal, nous considérions, sans nous lasser jamais ni de les voir ni d'en parler, ces glorieux restes d'une civilisation qui n'est plus, nous éprouvions au plus haut degré cette sorte de vénération, de saint respect que l'on ressent auprès des hommes de grand génie ou en présence de leurs créations.

Mais en voyant, d'un côté, l'état de profonde barbarie des Cambodgiens actuels, de l'autre, les preuves de la civilisation avancée de leurs ancêtres, il m'était impossible de voir dans les premiers autre chose que les descendants de Vandales, dont la rage s'était exercée sur les œuvres du peuple fondateur, et non la postérité de celui-ci. [...]

A deux milles et demi au nord d'Ongkor-Wat, sur le chemin même qui conduit à la ville, un temple a été élevé au sommet du mont Ba-Khêng, à cent mètres à peu près de hauteur.

Au pied du mont, au milieu des arbres, s'élèvent deux magnifiques lions, hauts de deux mètres vingt centimètres ; chacun d'eux, avec son piédestal, est monolythe.

Des escaliers en partie détruits conduisent au sommet du mont, d'où l'on jouit d'une vue si étendue et si belle, que l'on n'est pas surpris que ce peuple qui a montré tant de goût dans la disposition des magnifiques édifices, dont nous cherchons à donner une idée, ait couronné cette cime d'un splendide monument. [...]

A six ou sept kilomètres au nord-ouest du temple, gisent les ruines d'Ongkor-Thôm, l'ancienne capitale. Un bout de chaussée, en partie détruite, cachée sous un épais lit de sable et de poussière et traversant un large fossé bordé de débris de pierres, de blocs, de colonnes, de lions et d'éléphants, conduit à la porte de la ville, qui a la forme et les proportions d'un arc de triomphe.

Ce monument, assez bien conservé, est composé d'une tour centrale haute de dix-huit mètres, entourée de quatre tourelles et flanqué de deux tours avec galeries se reliant ensemble.

Au sommet se trouvent placées quatre énormes têtes dans le goût égyptien. [...]

Les murs, encore intacts, sont couverts sur toutes leurs parois de bas-reliefs, formant quatre séries superposées et dont chacune représente un roi assis à l'orientale, les mains reposant sur la poignée d'un poignard, et ayant à ses côtés une cour de femmes. Toutes ces figures sont chargées d'ornements, tels que pendants d'oreilles excessivement longs, colliers et bracelets. Elles n'ont pour costume qu'un léger langouti, et toutes ont la tête surmontée d'une coiffure terminée en pointe que l'on dirait composée de pierreries, de perles et d'ornements d'or et d'argent. Les bas-reliefs d'un autre côté représentent des combats ; on y remarque des enfants portant la chevelure longue, nouée en torchon, ainsi que l'étroit langouti des sauvages de l'est.

Toutes ces figures le cèdent cependant en beauté à la statue dite du *roi lépreux*, dont la tête, type admirable de noblesse, de régularité, aux traits fins, doux et au port altier, a dû être l'œuvre du plus habile des sculpteurs d'une époque qui en comptait un grand nombre doués d'un rare talent. Une moustache fine recouvre la lèvre supérieure, et une longue chevelure bouclée retombe sur les épaules ; mais tout le corps est nu et n'est recouvert d'aucun ornement.

Un pied et une main ont été brisés.

Le type de cette statue est essentiellement celui des Arians de l'Inde antique . [...]

En traçant à la hâte ces quelques lignes sur le Cambodge au retour d'une longue chasse, à la lueur blafarde d'une torche, entre la peau d'un singe fraîchement écorché et une boîte d'insectes à classer et à emballer, assis sur ma natte ou ma peau de tigre, dévoré des moustiques et souvent des

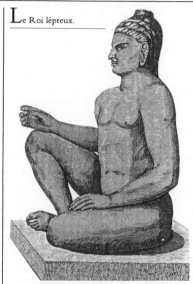

Le Roi lépreux.

sangsues, mon seul but, bien loin de vouloir imposer telle ou telle opinion, a été simplement de dévoiler l'existence des monuments les plus imposants, les plus grandioses et du goût le plus irréprochable que nous offre peut-être le monde ancien, d'en déblayer un peu les décombres, afin de montrer en bloc ce qu'ils sont, et de réunir tous les lambeaux de traditions que nous avons pu rassembler sur cette contrée et les petits pays voisins, dans l'espoir que ces données serviront de jalons à de nouveaux explorateurs, qui, doués de plus de talent et mieux secondés de leur gouvernement et des autorités siamoises, récolteront abondamment là où il ne nous a été donné que de défricher.

Henri Mouhot,
Voyage dans les royaumes de Siam,
de Cambodge, de Laos
et autres parties centrales de l'Indo-Chine
Hachette, Paris, 1868

Les « mines » d'Angkor

Ces « mines » qui apparaissent dans la presse en 1863 sont sans doute le fruit d'un télescopage journalistique entre les possibilités minières du Cambodge – qu'en bon naturaliste Mouhot avait soulignées – et une erreur de transmission du mot « ruines ». Elles étaient beaucoup plus intéressantes que des ruines pour ceux qui rêvaient de faire fortune aux colonies. Une fois inventées, il fallait les décrire, ce qu'on fit en leur attribuant la position géographique, la situation dans la forêt et la périphérie approximative... des ruines d'Angkor Thom ; ainsi le montre un article du *Courrrier de Saigon* (septembre 1863) cité – sans rire – par l'éditeur français de Mouhot (édition de 1868) pour montrer la justesse des vues de l'inventeur d'Angkor sur la richesse du Cambodge:

« L'Amiral La Grandière a visité avec un extrême intérêt et aussi en détail que possible les ruines de la province d'Ongkor. Elles sont au-dessus de l'idée que l'on avait pu s'en faire, et de beaucoup supérieures à tout ce qu'on peut voir en Europe. Elles se trouvent à quinze milles du Grand Lac Touli (*sic*, déformation de Tonlé Sap, nom cambodgien du Grand Lac), au milieu d'une forêt dont les arbres se font remarquer par leur élévation et la régularité merveilleuse de leurs tiges. Le gisement en exploitation, irrégulier d'ailleurs, a neuf lieues de tour. »

On comprend que dès le 10 décembre 1864, le *London and China Express* se soit inquiété à l'idée que la France pourrait tirer profit d'un tel trésor.   B. D

Une recherche programmée

Ce « Programme archéologique de la Commission d'exploration du Mékong » a *été rédigé par Doudart de Lagrée (reproduit par A. de Villemereuil « Doudart de Lagrée, Explorations de missions – extraits de ses manuscrits »... paru en 1883 à Paris).*

Établir les limites de l'ancien Cambodge d'après les traditions recueillies et d'après la position des principales ruines.

À *Angkor*, et partout ou l'on rencontrera d'anciens monuments, d'anciennes villes, suivre la marche que voici :

1° Faire un plan général de la ville et déterminer les édifices qui doivent être étudiés en détail.

2° Faire copier, *sans exception*, toutes les inscriptions anciennes, en notant le lieu précis où elles ont été trouvées.

3° Représenter par des plans, des coupes et élévations les édifices principaux, en retraçant, *jusqu'à la plus extrême minutie*, les moindres détails.

4° Mouler les bas-reliefs qui ne présentent pas trop de grandes difficultés. – Soit par le moulage, soit par le dessin, former une collection de types de figures, vêtements, armes, ornements, etc., qu'on rencontrera sur les bas-reliefs.

5° Observer avec attention tous les signes qui peuvent indiquer soit l'âge absolu soit l'âge relatif de chaque monument.

6° Étudier le mode général de construction, et en particulier, celui des ponts, des voûtes, des routes, – Rechercher les moyens mécaniques qui ont pu être employés, – comment étaient établies les fondations. – Coloration des édifices. – Dorures. – Placages, etc.

7° Distribution des édifices, destination de leurs diverses parties. – Rechercher les traces des habitations particulières et, s'il le faut, ouvrir quelques tranchées.

8° Rechercher la provenance des matériaux divers qui ont servi à la construction des édifices. – Si on le peut, reconnaître les anciennes carrières.*

* Note de Villemereuil : Ce programme nous semble très complet et pouvoir servir de modèle pour toute exploration archéologique. De Lagrée paraît, pour lui-même, l'avoir suivi de point en point. Il n'y manque qu'une seule chose : « Étudier les monuments au point de vue religieux. » Ces mots existaient à la fin du programme ; ils ont été effacés. L'auteur, sans doute, ne se reconnaissait pas et ne voyait pas autour de lui la science nécessaire pour cette étude.

A. de Villemereuil,
Doudart de Lagrée...,
Paris, 1883

Le fils d'un sculpteur à Angkor

Novembre 1901 – Lettre V. – ANGKOR-THOM. – Le voyage de Pnomh-Penh ici est un rêve vécu. En quittant le *Lutin*, nous avons navigué en sampans à travers la forêt inondée. Par un clair de lune superbe, les bois prenaient des tons d'argent en fusion. Et quelle végétaion émergeant des profondeurs de l'eau ! Toutes les nuances du vert et de la pourpre, et aussi toutes les essences, depuis le colossal banian, jusqu'au bambou élégant et bruisseur. Nous longeons parfois des villages à demi cachés sous les aréquiers de 50 mètres. Les congaïes curieuses nous regardaient passer en souriant. Les cagnas sur pilotis étaient illuminés en l'honneur de la nouvelle lune. C'était aussi gai qu'en plein jour et d'une couleur ! A 11 h 1/2 arrivée et coucher à Siem-Reap.

L'amiral, dans une jonque. Le lendemain, départ pour Angkor en charrettes à buffles. Quel tableau ! Trente-cinq charrettes, en pagaie dans l'unique rue, éclairée d'un beau soleil levant. On se précipite pour choisir sa voiture, et la rembourrer de son mieux ; car elles manquent de ressorts ! mais elles passent partout. Nous partons à la file. Les buffles trottaient, sans doute en l'honneur de l'amiral. Arrivée à Angkor-Thom. Une merveille ! Surtout le temple du Baïon (Le Bayhon signifie en cambodgien : salon du roi). Pour y pénétrer, il faut franchir une enceinte d'énormes pierres éboulées et branlantes, traverser des galeries peuplées de chauves-souris géantes, dont la colonie est respectée par les bonzes depuis des siècles. Le temple est supporté par trois terrasses superposées, et merveilleusement décorées. La vue de la deuxième terrasse est fantastique.

Pas un pouce de cette pierre qui ne soit sculpté avec une richesse inouïe, et une charmante naïveté d'expression. Les cinquante-deux tours, ornées chacune de quatre têtes colossales de Brahma, sont surmontées d'une chevelure de lianes et même de gros arbres. Angkor-Thom est un monde. L'enceinte extérieure a quatre kilomètres de côté. On ne peut s'imaginer l'effet produit par ces têtes de Brahma, patinées par tant de siècles, couvertes de lichens, enveloppées de lianes, que les rayons du soleil traversent pourtant, se jouant parmi ces figures énormes et donnant à chacune d'elles une expression différente : les unes sourient, d'autres sont tristes, quelques-unes impassibles... Et les bonzes circulent, drapés dans leurs toges jaunes, tantôt priant dans le temple, tantôt coupant du bois pour leur popote. Il fallait nous voir, descendant en voiture les marches

« Travaillé aux bas-reliefs du Baïon » .

d'Angkor-Thom. Quels bonds dans les carrioles ! Nous étions comme des crêpes dans la poêle... C'était tordant. Quelles galipettes ! Un capitaine de vaisseau est arrivé en bas, les jambes en l'air comme s'il faisait le chêne droit ; un gros architecte parti sur le dos est arrivé sur le ventre. L'amiral, lui, n'a pas bronché : il est étonnant.

C'est une rude tâche que de déplacer ces énormes pierres gisant dans les galeries éventrées et sur les piliers écroulés. Cependant, il faut déblayer pour avoir les plans, et trier les pierres sculptées, afin de reconstituer les bas-reliefs dépositaires de l'histoire sacrée. Les rouleaux et le plan incliné n'ont plus de secrets pour nos coolies. Mais, au commencement, il fallait voir l'ahurissement de nos gens, quand ils voyaient, grâce à un petit rouleau glissé dessous, filer à 10 mètres les grandes pierres plates des voûtes. Les bonzes,

d'abord inquiets du sort de leurs dieux, mais voyant que nous ne leur chipions rien, ont cessé de nous suivre pas à pas. Chose inouïe, l'un d'eux a même, dans une passe difficile, provoqué la descente d'une grosse pierre. Nous lui avons fait une ovation qui l'a surpris et ravi. Je suis très populaire à la bonzerie. J'ai soigné avec succès l'un qui avait mal au ventre, un autre piqué par un serpent. Ils me comblent de bananes et de noix de coco fraîches [...].

6 décembre 1901. – Passé la journée à Angkor-Thom : obtenu le concours de plusieurs ouvriers de la région. Travaillé aux bas-reliefs du Baïon. Ils représentent cérémonies religieuses, batailles, chasses et surtout scènes du Mahabarata. Dégagé une pierre sculptée : deux éléphants tirant en sens inverse sur corde attachée à une statue. Escaladé la tour centrale jusque dans les têtes de Brahma au risque de nous rompre vingt fois le col. L'interprète nous supplie de ne pas laisser notre sala en cet endroit très malsain : toutes les paillottes voisines sont abandonnées ; plusieurs bonzes sont couchés, grelottant la fièvre. Lui promettons qu'il couchera tous les soirs à Angkor-Vat. Allons voir les bonzes malades, à qui nous annonçons pour demain de la quinine, qui les guérira. Été à Siem-Reap échanger correspondance avec l'École. Tué en route un aigle superbe. Au retour, impossible dénicher cuisinier, qui devait jouer ou fumer de l'opium dans quelque coin. Il a dû s'appuyer à pied la balade de Siem-Reap ici, avec 10 poulets, 5 pains et plusieurs douzaines d'œufs sur le dos.

F. nous télégraphie son arrivée, il apparaît vers le soir, accompagné d'un ami, jeune homme qui parle beaucoup de sa religion, de ses vers, et de son tub. Bon garçon malgré cela. [...]

15 avril 1904. – Passé une heure à la fête d'Angkor-Vat. Aspect du monument très curieux. Des centaines de cambodgiens et de cambodgiennes parés d'écharpes éclatantes circulent dans ces ruines, ordinairement désertes. On chante et on danse ; dans la galerie en croix, exécution de la danse du cerf. Un homme à califourchon sur un bâton, portant à son extrémité une tête de cerf avec ses cornes, danse devant une rangée de gens munis de longs bâtons avec des ornements bizarres. Tout ce monde, en file serrée, chante une mélopée très lente en faisant doucement un pas en avant, un pas en arrière. L'homme au cerf est aguiché par deux autres à masques de singes, sur lesquels il fonce de temps en temps.

Charles Carpeaux,
Les Ruines d'Angkor,
Paris, 1908

Un marin poète à Angkor Thom

Le Bayon avant la pluie

Donc, à travers l'ombre, nous arrivons à la « Porte de la Victoire », qui d'abord nous semblait l'entrée d'une grotte. Cependant elle est surmontée de monstrueuses figures de Brahma, que nous cachaient les racines enlaçantes, et, de chaque côté, dans des espèces de niches, sous les feuillées, se tiennent embusqués d'informes éléphants à trois têtes.

Au-delà de cette porte, couronnée de sombres visages, nous pénétrons dans ce qui fut la ville immense. [...]

De méconnaissables débris d'architecture apparaissent un peu partout, mêlés aux fougères, aux cycas, aux orchidées, à toute cette flore de pénombre éternelle qui s'étale ici sous la voûte des grands arbres. Quantité d'idoles bouddhiques, petites, moyennes ou géantes, assises sur des trônes, sourient au néant. [...]

Voici où furent des palais, voici où vécurent des rois prodigieusement fastueux, – de qui l'on ne sait plus rien, qui ont passé à l'oubli sans laisser même un nom gravé sur une pierre ou dans une mémoire. Ce sont des constructions humaines, ces hauts rochers qui, maintenant, font corps avec la forêt et que des milliers de racines enveloppent, étreignent comme des pieuvres.

Car il y a un entêtement de destruction même chez les plantes. Le Prince de la Mort, que les Brahmes appellent Shiva, celui qui a suscité à chaque bête l'ennemi spécial qui la mange, à chaque créature ses microbes rongeurs, semble avoir prévu, depuis la nuit des origines, que les hommes tenteraient de se prolonger un peu en construisant des choses durables ; alors,

pour anéantir leur œuvre, il a imaginé, entre mille autres agents destructeurs, les pariétaires, et surtout ce « figuier des ruines » auquel rien ne résiste.

C'est le « figuier des ruines » qui règne aujourd'hui en maître sur Angkor. Au-dessus des palais, au-dessus des temples qu'il a patiemment désagrégés, partout il déploie en triomphe son pâle branchage lisse, aux mouchetures de serpent, et son large dôme de feuilles. Il n'était d'abord qu'une petite graine, semée par le vent sur une frise ou au sommet d'une tour. Mais, dès qu'il a pu germer, ses racines, comme des filaments ténus, se sont insinuées entre les pierres pour descendre, descendre, guidées par un instinct sûr, vers le sol, et, quand enfin elles l'ont rencontré, vite elles se sont gonflées de suc nourricier, jusqu'à devenir énormes, disjoignant, déséquilibrant tout, ouvrant du haut en bas les épaisses murailles ; alors, sans recours, l'édifice a été perdu. [...]

Ah ! un tambourinement général sur les feuillées, une averse diluvienne ! Au-dessus des arbres, nous n'avions pas vu que tout à coup le ciel devenait noir. L'eau ruisselle, se déverse à torrents sur nos têtes ; vite, réfugions-nous là-bas,

près d'un grand Bouddha songeur, à l'abri de son toit de chaume.

Quand le déluge enfin s'apaise, il serait temps de sortir de la forêt pour ne pas s'y laisser surprendre par la nuit. Mais nous étions presque arrivés au *Bayon*, le sanctuaire le plus ancien d'Angkor et célèbre par ses *tours aux quatre visages* ; à travers la futaie semi-obscure, on l'aperçoit d'ici, comme un chaos de rochers. Allons quand même le voir.

En pleine mêlée de ronces et de lianes ruisselantes, il faut se frayer un chemin à coups de bâton pour arriver à ce temple. La forêt l'enlace étroitement de toutes parts, l'étouffe et le broie ; d'immenses « figuiers des ruines » achevant de le détruire, y sont installés partout jusqu'au sommet de ses tours qui leur servent de piédestal. Voici les portes ; des racines, comme des vieilles chevelures, les drapent de mille franges ; à cette heure déjà tardive, dans l'obscurité qui descend des arbres et du ciel pluvieux, elles sont de profonds trous d'ombre devant lesquels on hésite. A l'entrée la plus proche, des singes qui étaient venus s'abriter, assis en rond pour tenir quelque conseil, s'échappent sans hâte et sans cris ; il semble qu'en ce lieu le silence s'impose. On n'entend que de furtifs bruissements d'eau : les feuillages et les pierres qui s'égouttent après l'averse. [...]

Tout de même, avant de m'éloigner, je lève la tête vers ces tours qui me surplombent, noyées de verdure, — et je frémis tout à coup d'une peur inconnue en apercevant un grand sourire figé qui tombe d'en haut sur moi... et puis un autre sourire encore, là-bas sur un autre pan de muraille,... et puis trois, et puis cinq, et puis dix ; il y en a partout, et j'étais surveillé de toutes parts... Les

« *tours à quatre visages !* » Je les avais oubliées, bien qu'on m'en eût averti... Ils sont de proportions tellement surhumaines, ces masques sculptés en l'air, qu'il faut un moment pour les comprendre ; ils sourient sous leurs grands nez plats et gardent les paupières mi-closes, avec je ne sais quelle féminité caduque ; on dirait des vieilles dames discrètement narquoises. Images des dieux qu'adorèrent, dans les temps abolis, ces hommes dont on ne sait plus l'histoire ; images auxquelles, depuis des siècles, ni le lent travail de la forêt, ni les lourdes pluies dissolvantes n'ont pu enlever *l'expression*, l'ironique bonhomie, plus inquiétante encore que le rictus des monstres de la Chine...

Le Bayon après la pluie

Les grandes figures de Brahma, « les vieilles dames débonnaires » si sournoises et peu rassurantes l'autre soir dans le crépuscule, je les retrouve là partout au-dessus de ma tête, avec ces sourires qui tombent sur moi, d'entre les fougères et les racines. Elles sont bien plus nombreuses que je croyais ; jusque sur les tours les plus lointaines, j'en aperçois toujours, coiffées de couronnes et le cou ceint de colliers. Mais, en plein jour, combien elles ont perdu de leur pouvoir effarant ! Ce matin elles semblent me dire : « Nous sommes bien mortes, va, et bien inoffensives ; ce n'est pas d'ironie que nous sourions ainsi les paupières closes ; non, c'est parce que nous avons à présent la paix sans rêves... » [...]

Le Bayon, enfin...

Ces tours, avec leurs formes trapues et leurs rangs superposés de couronnes, on pourrait les comparer, en silhouette, à de colossales pommes de pin, mises debout. C'était comme une végétation de pierre qui aurait jailli du sol, trop impétueuse et trop touffue : cinquante tours de taille différente qui s'étageaient, cinquante pommes de pin fantastiques, groupées en faisceau sur un socle grand comme une ville, accolées presque les unes aux autres et faisant cortège à une tour centrale plus géante, de soixante ou soixante-dix mètres, qui les dominait, la tête fleurie d'un lotus d'or. Et, du haut de l'air, ces quatre visages, qu'elles avaient chacune, regardaient aux quatre points cardinaux, regardaient partout, entre les pareilles paupières baissées, avec la même expression d'ironique pitié, le même sourire ; ils affirmaient, ils répétaient d'une façon obsédante l'omniprésence du dieu d'Angkor. Des différents points de l'immense ville, on ne cessait de voir ces figures aériennes, les unes de face, les autres de profil ou de trois quarts, tantôt sombres sous les ciels bas chargés de pluie, tantôt ardentes comme du fer rouge quand se couchait le soleil torride, ou bien bleuâtres et spectrales par les nuits de lune, mais toujours là et toujours dominatrices. Aujourd'hui cependant leur règne a passé : dans la verdâtre pénombre où elles se désagrègent, il faut presque les chercher des yeux, et le temps approche où on ne les reconnaîtra même plus.

Pour orner ces murailles du Bayon, des bas-reliefs sans fin, des enroulements de toute sorte ont été conçus avec une exubérante prodigalité. Et ce sont aussi des batailles, des mêlées en fureur, des chars de guerre, des processions interminables d'éléphants, ou des groupes dApsaras, de Tévadas aux pompeuses couronnes ; sous la mousse, tout cela s'efface et meurt. La facture en est plus enfantine, plus sauvage qu'à

« Un colossal visage humain à chevelure de lianes »

« Les vieilles dames débonnaires. »

Angkor-Vat, mais l'inspiration s'y révèle plus violente, plus tumultueuse. Et une telle profusion déconcerte ; à notre époque de mesquinerie versatile, on arrive à peine à comprendre ce que furent la persévérance, la richesse, la foi, l'amour du grandiose et de l'éternel, chez ce peuple disparu.

Sous la tour centrale au lotus d'or, à une vingtaine de mètres au-dessus de la plaine, se cache le Saint des Saints, un réduit obscur, étouffé comme une casemate dans l'épaisseur de la pierre. On y arrivait de plusieurs côtés, par tout un jeu de galeries convergentes, lugubres autant que des chambres sépulcrales. Mais l'accès aujourd'hui en est difficile et dangereux, tant il y a eu d'éboulements aux abords. On sent que l'on est là sous la forêt – puisque la forêt couvre même les tours – sous le réseau multiple et innombrable des racines. Il y fait presque noir ; une eau tiède y suinte de toutes les parois, sur quelques dieux fantômes qui n'ont plus de bras ou qui n'ont plus de tête ; on y entend glisser des serpents, fuir d'imprécises bêtes rampantes, et les chauves-souris s'éveillent, protestent en vous fouettant de leurs membranes rapides que l'on n'a pas vues venir. Aux temps brahmaniques, ce Saint des Saints a dû être un lieu où les hommes tremblaient, et des siècles de délaissement n'en ont pas chassé l'effroi ; c'est bien toujours le refuge des antiques mystères ; les bruits que des bêtes furtives y faisaient quand on y est entré cessent dès que l'on ne bouge plus, et tout retombe aussitôt dans on ne sait quelle horreur *d'attente*, à forme par trop silencieuse.

Pierre Loti,
Un Pèlerin d'Angkor,
Calmann-Lévy

Le poète et le diable

Départ pour le Cambodge en auto dimanche 2 octobre. La grande plaine inondée. Pnom Penh, M. Baudoin, M. Groslier. L'École des Arts avec ses toits télescopés, faîtes à décrochements. Visite au roi Sisowath. La pagode pavée de carreaux d'argent. Le lendemain à 9 h. départ pour Angkor à bord d'un bateau des M[essageries]. Réveil le lendemain à 3 h. Vue des grandes ondes molles et boueuses de l'énorme fleuve sur lequel flottent des matelas de *luk binh* (jacinthes d'eau). La forêt noyée, puis Angkor. Benkhdaï, puis Taprohm sous la végétation et les arbres dans une atmosphère de décomposition et de fièvre. Les énormes fromagers blancs digérant la pierre encastrée dans leur anastomose, cette racine qui couvre et enserre tout un portique et vient prendre la place d'un des piliers. La pile de Takeo, proportions non plus dans le plan horizontal, mais dans le sens de la hauteur. Le pont d'Angkor Thom, flanqué de chaque côté d'une rampe de 54 géants, le premier à 7 têtes, tirant sur le serpent Naga. La Bayon avec ses pylônes à 4 têtes de Brahma vers les 4 points cardinaux. Dans l'après-midi le temple d'Angkor Vat, masse de moellons brun (limonite) recouvert d'un grès gris, à peu près pareil à celui de Fontainebleau qui dans les cours sous le lichen se couvre de chamarrures d'argent. Longues lignes horizontales et dissymétriques de la façade, percée d'une petite porte. A cet énorme temple on accède par une chatière, répétée, bien visible et exaltée, comme un petit trou noir dans le château central. Tout autour un vaste étang carré, puis une série superposée de 3 autres enceintes carrées et entourées de galeries réunissant des pavillons médians, les 2 dernières flanquées d'ananas aux 4 coins. – Tous les pavillons ont la forme d'une croix. Trois portiques télescopés de plus en plus court. Au milieu le grand ananas central sous lequel était l'image de Siva, dieu de l'amour et de la destruction. Il reste les 4 ananas flanquant le motif central. De loin au matin les contours ne paraissent pas nets mais barbelés donnant l'impression d'ailes ou de flammes. L'œuf ailé, le joyau flamboyant. L'idée est celle de l'étang primitif au milieu duquel un pavillon central comme un lotus. Au-dessus de cette première enceinte (73) s'en élève une seconde (sur un soubassement à lignes brisées pareil à une pile de coussins), puis une troisième, et enfin beaucoup plus haut une quatrième avec le Sanctuaire central. Chacun de ces sanctuaires a la forme d'une croix, il est à la fois fermé et ouvert sournoisement,

non pas directement, sur les 4 points cardinaux par un portique à triple voûte télescopée de plus en plus basse, signifiant une ascension par un chemin imposé et caché. En somme superposition comme sur des plateaux de lacs (l'eau thésaurisée et stagnante).

Les enceintes comme des retranchements qui défendent contre quelque chose. La noire petite porte unique, le petit trou, indiquant l'incorporation à un mystère, à de la nuit encadrée. Les soubassements pareils à des exhaussements artificiels ou encore à un serpent lové. Les sanctuaires aux 4 points cardinaux (rappelant les Chérubins) avec le pylône central. Ces sanctuaires de nuit où volent des chauves-souris (elles y volaient déjà) et empuantis d'une odeur à la fois parfumée et infecte (probablement due à leur fiente). Ces joyaux fermés qu'on adore de loin avec leur ver central, cette ostension de blasphème. Ces boîtes rondes, ces boules, et fermées en plein ciel pleines de nuit et de fiente. Aurais-je vu le temple du Diable que la terre n'a pu supporter ? De là l'étrange rage des dévastateurs, la fureur avec laquelle ils se sont acharnés contre toutes les idoles dont on n'a pas retrouvé une seule, même en morceaux, pulvérisées, contre certaines représentations. Partout ces apsaras au sourire éthiopien dansant sur les ruines en une espèce de cancan sinistre. Uniquement des images féminines, de volupté, subsistent. – En Bas grands bas-reliefs faisant tout le pourtour de la première galerie et représentant des scènes de guerre et de mythologie. L'une est le « barattement de la mer de lait » d'après le Ramayana (?). On voit tous les dieux affrontés en une file interminable dominés de distance en distance par les dieux plus grands, Brahma, Siva, le singe Hamumam, etc., en une espèce de prodigieux tug-of-war, cramponnés au corps du serpent (animal national du Cambodge avec un capuchon à 7 têtes devant lequel est sculpté le garuda à tête de perroquet). Au-dessous le monde de l'eau et de la boue, des larves, des poissons, des tortues, des crocodiles, au-dessus la foule infinie des apsaras gambillantes qui filent au ciel comme des moustiques, comme des bulles de gaz. – L'après-midi que j'ai passée seul tout en haut de ce temple maudit, n'ayant pas encore compris l'étrange sentiment d'oppression et de dégoût, au loin les lignes immenses de la forêt vierge, les roulements de tonnerre sourds, les cris des singes qui se poursuivent (les apsaras), les bonzes jaunes qui errent en psalmodiant, l'un d'eux derrière moi avec un grand couteau. – Le lendemain Angkor Thom, le Roi lépreux. Vision prodigieuse des singes qui sautent en se poursuivant sur le plafond élastique de la forêt. Le poids remplacé par l'élan. Une vie d'élasticité et de bond. Que sont nos danseurs à côté ?

Paul Claudel,
Journal, cahier IV, octobre 1921

Le 21 [février], départ du Prince et d'une partie de la mission pour Angkor.

Le journaliste Tudesq mort à Saïgon disait q[uel]-q[ues] heures avant sa mort qu'il y a 4 ans Commailles, Maurice Long, Lord Northcliffe et lui étaient entrés dans un temple d'Angkor malgré l'avis du gardien. Le gardien leur dit qu'ils seraient tous morts dans 4 ans, ce qui se réalisa. Angkor est bien un des endroits les plus maudits, les plus maléfiques que je connaisse. J'en étais revenu malade et la relation que j'avais faite de mon voyage a péri dans un incendie.

Idem, Cahier V, février 1925

Le roman de Banteay Srei

Parlons d'argent.

— C'est bien simple : un petit bas-relief, une statue quelconque, valent une trentaine de mille francs.

— Francs-or ?

— Vous êtes trop gourmand.

— Tant pis. Il m'en faut dix au moins. Dix, pour vous : vingt.

— Vingt pierres.

— Évidemment, ce n'est pas le diable...

— Et d'ailleurs, un seul bas-relief, s'il est beau, une danseuse par exemple, vaut au moins deux cent mille francs.

— Il est composé de combien de pierres ?

— Trois, quatre...

— Et vous êtes certain de les vendre ?

— Certain. Je connais les plus grands spécialistes de Londres et de Paris. Et il est facile d'organiser une vente publique.

— Facile, mais long ?

— Rien ne vous empêche de vendre directement ; j'entends, sans vente publique. Ces objets sont de toute rareté : la grande hausse des objets asiatiques date de la fin de la guerre, et on n'a rien découvert depuis.

— Autre chose : supposons que nous trouvions les temples...

(« Nous » murmura Claude.)

« ... Comment comptez-vous dégager les pierres sculptées ?

— Ce sera le plus difficile. J'ai pensé...

— De gros blocs, si je me souviens bien ?

— Attention : les temples khmers sont construits sans ciment ni

fondations. Des châteaux de dominos.

— Chaque domino, voyons : cinquante centimètres au carré de section, un mètre de long... Sept cent cinquante kilos à peu près. Légers objets !...

— J'ai pensé aux scies de long, pour n'emporter que la face sculptée, sur peu d'épaisseur : impossible. Les scies à métaux, – plus rapides, – j'en ai. Il faut surtout compter sur le temps qui a fichu presque tout par terre, sur le figuier des ruines et les incendiaires siamois qui ont accompli assez bien le même travail.

— J'ai rencontré plus d'éboulis que de temples... Et les chercheurs de trésors, eux aussi, ont passé par là... Jusqu'ici, je ne pensais guère aux temples qu'en fonction d'eux... [...]

Le guide souriait, l'index toujours tendu. Jamais Claude n'avait éprouvé un tel désir de frapper. Serrant les poings, il se retourna vers Perken, qui souriait aussi. L'amitié que Claude lui portait se changea d'un coup en fureur ; pourtant, orienté par la direction commune des regards, il détourna la tête : la porte, qui sans doute avait été monumentale, commençait en avant du mur, et non où il la cherchait. Ce que regardaient tous ces hommes habitués à la forêt, c'était l'un de ses angles, debout comme une pyramide sur des décombres, et portant à son sommet, fragile mais intacte, une figure de grès au diadème sculpté avec une extrême précision. Claude, entre les feuilles, distinguait maintenant un oiseau de pierre, avec des ailes éployées et un bec de perroquet ; un épais rai de soleil se brisait sur l'une de ses pattes. Sa colère disparut dans ce minuscule espace éblouissant ; la joie l'envahit, une reconnaissance sans objet, une allégresse aussitôt suivie d'un attendrissement stupide. Il avança sans

Banteay Srei reconstruit.

y prendre garde, possédé par la sculpture, jusqu'en face de la porte. Le linteau s'était écroulé, entraînant tout ce qui le surmontait, mais les branches qui enserraient les montants restés debout, tressées, formaient une voûte à la fois noueuse et molle que le soleil ne traversait pas. A travers le tunnel, au-delà des pierres écroulées dans les angles noirs, à contre-jour, obstruaient le passage, était tendu un rideau de pariétaires, de plantes légères ramifiées en veines de sève. Perken le creva, découvrant un éblouissement confus d'où ne sortaient que les triangles des feuilles d'agave, d'un éclat de miroir ; Claude franchit le passage, de pierre en pierre, en s'appuyant aux murs, et frotta contre son pantalon ses mains pour se délivrer de la sensation d'éponge née de la mousse. Il se souvint soudain du mur aux fourmis : comme alors, un trou brillant, peuplé de feuilles, semblait s'être évanoui dans la grande lumière trouble, rétablie une fois de plus sur son empire pourri. Des pierres, des pierres, quelques-unes à plat, presque toutes un angle en l'air : un chantier envahi par la brousse. Des pans de mur de grès violet, les uns sculptés, les autres nus, d'où pendaient des fougères ; certains portaient la patine rouge du feu. Devant lui, des bas-reliefs de haute époque, très indianisés (Claude s'approchait d'eux), mais très beaux, entourés d'anciennes ouvertures à demi cachées sous un rempart de pierres éboulées. Il se décida à les dépasser du regard : au-dessus, trois tours démolies jusqu'à deux mètres du sol, leurs trois tronçons sortant d'un écroulement si total que la

Çiva et Parvati.

végétation naine seule s'y développait, comme fichés dans cet éboulis ; des grenouilles jaunes s'en écartaient avec lenteur. Les ombres s'étaient raccourcies : le soleil invisible montait dans le ciel. [...]

Déjà Claude faisait dégager le sol, afin que la pierre ne se brisât pas en en rencontrant une autre. Pendant que les hommes maniaient les blocs, il la regardait : sur l'une des têtes, dont les lèvres souriaient comme le font d'ordinaire celles des statues khmères, une mousse très fine s'étendait, d'un gris bleu, semblable au duvet des pêches d'Europe. Trois hommes la poussèrent de l'épaule, en mesure : elle bascula, tomba sur sa tranche et s'enfonça assez profondément pour rester droite. Son déplacement avait creusé dans la pierre sur laquelle elle reposait deux raies brillantes, que suivaient en rang des fourmis mates, tout occupées à sauver leurs œufs. Mais cette seconde pierre, dont la face supérieure apparaissait maintenant, n'était pas posée comme la première ; elle était encastrée dans le mur encore debout, prise entre deux blocs de plusieurs tonnes. L'en dégager ? il eût fallu jeter bas tout le mur ; et si les pierres des parties sculptées, d'un grès choisi, pouvaient être à grand-peine maniées, les autres, énormes, devaient rester immobiles jusqu'à ce que quelques siècles, ou les figuiers des ruines les jetassent à terre.

Comment les Siamois avaient-ils pu détruire tant de temples ? On parlait d'éléphants. Il fallait donc couper ou casser cette pierre pour séparer la partie sculptée, dont les dernières fourmis s'enfuyaient, de la partie brute encastrée dans le mur.

Les conducteurs attendaient, appuyés sur leurs leviers de bois. Perken avait sorti de sa poche son marteau et un

Le sourire des belles.

ciseau : sans doute le plus sage, en effet, était-il de tracer au ciseau une étroite tranchée dans la pierre, et de la détacher ainsi. Il commença de frapper. Mais, soit qu'il employât mal l'outil, soit que le grès fût très dur, ne sautaient que des fragments de quelques millimètres d'épaisseur.

Les indigènes seraient plus maladroits que lui encore.

Claude ne quittait pas la pierre du regard... Nette, solide, lourde, sur ce fond tremblant de feuilles et de ronds de soleil ; chargée d'hostilité. Il ne distinguait plus les raies, ni la poussière du grès ; les dernières fourmis étaient parties, sans oublier un seul de leurs œufs mous. Cette pierre était là, opiniâtre, être vivant, passif et capable de refus. En Claude montait une sourde et stupide colère : il s'arc-bouta et poussa le bloc, de toute sa force. Son exaspération croissait, cherchant un objet. Perken, le marteau en l'air, le suivait du regard, la bouche à demi ouverte. Cet homme qui connaissait si bien la forêt ignorait tout des pierres. Ah ! avoir été maçon six mois ! Faire tirer les hommes, tous à la fois, sur une corde ?... Autant gratter avec les ongles. Et comment passer une corde ? Cependant c'était sa vie menacée qui était là... Sa vie. Tout l'entêtement, la volonté tendue, toute la fureur dominée qui l'avaient guidé à travers cette forêt, tendaient à découvrir cette barrière, cette pierre immobile dressée entre le Siam et lui. [...]

Il respira enfin, lentement, profondément. Claude, lui aussi, était délivré ; plus faible, il eût pleuré. Le monde reprenait possession de lui comme d'un noyé ; la stupide gratitude qu'il avait connue en découvrant la première figure sculptée l'envahissait à nouveau. En face de cette pierre tombée, la cassure en l'air, un accord soudain s'établissait entre la forêt, le temple et lui-même. Il imagina les trois pierres, superposées : deux danseuses parmi les plus pures qu'il connût. Il fallait maintenant les charger sur les charrettes...

André Malraux,
La Voie royale, 1930

Un esthète à Angkor

A bord du « d'Artagnan », novembre 1931

J'ai voulu faire comme tout le monde. J'ai vu les ruines d'Angkor. [...]

De ses millions de membres noués, la forêt étreint les ruines avec un amour furieux. Pas de romantisme je vous prie. Je ne dis pas qu'on ait eu tort de dégager certaines d'entre elles, mais je regrette de ne pas les avoir vues avant, quand il était à peu près impossible de distinguer la pierre de l'écorce, quand une fleur sortait de la bouche d'une apsara, quand la mousse livide où fourmillent les insectes modifiait le modelé d'un ventre ou mettait une lueur sur une croupe en mouvement. Il est pratique de faire en auto, sur une route splendide, le grand circuit des palais, des bassins, des temples. Il est comique de voir un homme de corvée y balayer les feuilles mortes. Pour oublier, il faut entrer dans les cours intérieures, parcourir les salles effondrées sur les éboulis visqueux, surprendre, avec une ivresse physique, le travail minutieux des arbres qui sont parvenus à leur fin. Protection ? Destruction ? Je vous défie d'en décider. Une racine minuscule, en gonflant peu à peu, a bien fait éclater ce mur, crouler cette voûte. Mais c'est elle aussi qui soutient cette pierre où une musique sculptée nous révèle, après dix siècles, le rythme lent et ondoyant de la danse des apsaras. Elle n'a pas voulu qu'elle tombât. Elle la berce entre ses bras, comme une mère. Ce fromager s'élance de la crête de ce mur à cent pieds de hauteur, mais il a, pour mieux atteindre la lumière au-delà des ténèbres vertes, envoyé dans le sol une racine large comme une poitrine de femme, et gonflée comme elle, qui colle étroitement à la paroi, et,

parvenue à terre la suit, pour ne pas se perdre, sortir de l'édifice, aller puiser les sucs terrestres, parmi les pierres disloquées, à cinquante mètres de là. Tel autre, refusant de s'égarer dans le vide, encadre exactement d'une cataracte de tentacules une galerie, une porte. Elles ruissellent autour des figures en saillie, comme si elles refusaient de les briser. Certains arbres sont des girons. Pour abriter une statue, leurs racines de deux ou trois mètres de large se sont repliées tendrement, comme des ailes. Telle autre a parcouru soixante pieds pour passer sous un bas-relief qu'elle a déterré patiemment et porte avec amour à la hauteur de nos yeux. Telle autre se détourne de son chemin pour remplacer, par une nappe enchevêtrée d'anastomoses, les dalles émiettées d'une esplanade dont elle a pris la consistance et la couleur. Je vous le dis, la forêt ne veut pas laisser échapper ses ruines. Elle contourne des blocs, tâtonne pour trouver leurs saillies plastiques, se décide à les agripper entre ses agrafes plus dures que des crampons de fer, baignées de ses liquides nourriciers, et que la rouille ne mord pas. Les branches, leurs diverticules prennent toutes les formes, assument toutes les fonctions, crochets, fourches, mortaises, écrous, poulies, étriers, infligeant aux charpentes qu'elles construisent la circulation intérieure de la vie organique qu'exige la pierre travaillée pour consentir à ces profonds embrassements. D'immenses chevelures l'enveloppent. Des doigts la frôlent et la caressent. De beaux bras l'enlacent. Des jambes nerveuses la serrent pour la bercer contre le ventre et les seins nus.

Le banian qui jaillit du temple de Neak Pean après avoir assujetti son élan par les tentacules envoyés au

Le festin de pierre.

travers du massif de pierre surmontant les quatre bassins dont elles boivent l'eau bourbeuse, est le sceau de la divinité qui règne en ces lieux. Elle a dicté ce miracle. La pieuvre immense des stalactites végétales enveloppe son sanctuaire avec un amour forcené. Au sommet, l'arbre monstrueux épanouit ses cent branches comme une gerbe de flammes qui se tordent sans parvenir à crever la sphère idéale où elles semblent enfermées. C'est un chant de triomphe qu'elle entonne pour avoir repris son domaine tout en protégeant l'esprit qui est la source, et l'estuaire, et la masse en mouvement. La roche, le feu cristallisé, l'eau pétrifiée, le cuir des éléphants et des buffles, le pelage des félins et les serpents noués en paquets mous que la forêt abrite, tout cela bouge, frémit, palpite, bat dans cette architecture organique qui ramène la raison au sentiment de l'unité.

Elie Faure,
Mon périple

Symbolisme cosmique

C'est un photographe, Thomson, qui le mit le premier en évidence, et ce sont les photographies aériennes qui traduisent le mieux le système complexe expliqué par George Cædès et Paul Mus.

La muraille et les portes d'Angkor Thom

Les extraits reproduits ici sont empruntés au chapitre que George Cædès consacre au symbolisme architectural des monuments khmers dans « Pour mieux comprendre Angkor » publié en 1947. Dans le début du chapitre, Cædès a montré comment le temple-montagne, mont central de la ville royale, est « une représentation à l'échelle humaine de la montagne qui marque l'axe de l'univers ». Il en vient maintenant à l'interprétation de la muraille et de la douve qui limitent la ville.

Les deux éléments essentiels, constitués par l'océan et la muraille de rochers qui entourent l'univers, sont représentés par le fossé et le mur d'enceinte. Un poème sanskrit commence ainsi : « Il est une ville ceinte de fossés immenses comme l'océan et de murailles immenses comme les monts qui ceignent la terre immense. Là, contemplant les chaînes des terrasses d'or et d'argent, les citadins n'ont pas à envier les pics du Meru et du Kailâsa. » Cette tradition était encore si bien vivante à l'époque de la restauration d'Angkor par Jayavarman VII que, dans les inscriptions placées par ses soins aux quatre angles de la muraille d'Angkor Thom, il compare celle-ci à la chaîne de montagnes qui enclôt l'univers et le fossé de la ville à l'océan qui la ceint : « L'un grattait de son faîte le ciel brillant ; l'autre par sa profondeur insondable touchait le monde des serpents ; cette montagne de victoire *Jayagiri* et cet océan de victoire *Jayasindhu* construits par ce roi imitaient l'arc de sa gloire immense. » [...]

Dans la cosmologie hindoue, le trait d'union entre les hommes et les dieux est représenté par l'arc-en-ciel. De nombreux indices convergents ont permis à Paul Mus de montrer que les ponts à balustrades de *nâga*, permettant de franchir les douves et de passer ainsi du monde des hommes au monde des dieux, représenté sur terre par le microcosme de la ville royale, sont des images de l'arc-en-ciel. [...]

A Angkor Thom, comme à Prah Khan et à Banteay Chmar, le pont à balustrade de *nâga* [...] est complété par divers éléments qui soulignent son rôle d'arc-en-ciel et superposent à ce premier symbolisme un autre encore plus curieux. Chacun de ces ponts aboutit à une des portes de la ville qui [...] reproduisent aux quatre points cardinaux, sous une forme réduite et schématique, l'aspect même du temple central. Elles matérialisent dans les quatre directions de l'espace, l'expansion, la projection du pouvoir royal à partir de ce temple d'où, pour employer une expression de Paul Mus, « un double pouvoir, séculier et divin, rayonnait de la personne du roi et se propageait sur la terre ». [...]

Mais il y a plus. La figuration des longues rangées de dieux et de géants soutenant les *nâgas* n'est une simple fantaisie des sculpteurs. Elle a une valeur évocatrice certaine, et tend à matérialiser sous nos yeux le mythe du barattement de l'océan, en tirant parti des trois éléments principaux nécessaires pour cette opération ; l'océan que sont les douves de la ville, la montagne-pivot qu'est la muraille ou plus exactement la porte, le *nâga* de la balustrade représentant le serpent cosmique avec lequel, comme avec une corde, les dieux et les géants firent pivoter la montagne au milieu de

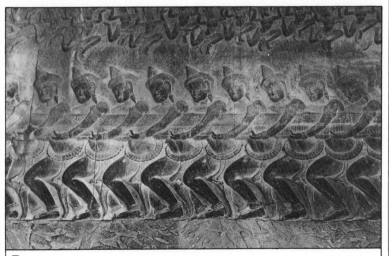

Le Barattage omniprésent à Angkor, ici sur les murs d'Angkor Vat.

l'océan pour en extraire la liqueur d'immortalité. Il a suffi aux sculpteurs d'ajouter à l'ensemble fossé-porte-*nâga* les deux rangées de dieux et géants, pour évoquer immédiatement le mythe du barattement.

En faisant construire une représentation du barattement aux portes de sa capitale, le roi Jayavarman VII en affirmait d'abord le caractère divin, puisque la ville elle-même et le fossé qui l'entoure prenaient l'aspect de la montagne et de l'océan cosmiques. En second lieu, c'est un thème littéraire commun et abondamment exploité par les poètes de la Cour que la comparaison de la bataille à un océan baratté par le roi pour en extraire la Fortune et la Victoire ; ou encore la comparaison de l'univers à une montagne que le roi fait pivoter pour acquérir l'ambroisie de la prospérité. Jayavarman VII, le protégé de la Victoire (*jaya*), avait donné son nom à l'enceinte-montagne (*Jayagiri*) et au fossé-océan (*Jayasindhu*). Après ce que nous avons dit plus haut du symbolisme de la ville royale, ce n'est pas faire preuve d'une subtilité exagérée que de voir, dans la figuration plastique du barattement effectué avec ce fossé pour océan et cette enceinte pour montagne, une sorte d'opération magique destinée à assurer au pays la victoire et l'ambroisie de la prospérité.

George Cœdès,
Pour mieux comprendre Angkor,
Paris, 1947

Le Bakheng aux cent huit tours plus une.

Angkor d'avion, c'est la forêt et l'eau, celle des douves et des rizières. Pages suivantes : le Bayon, pivot de la ville, avec, au nord, la place royale. Angkor Vat : au loin, la douve perce dans la forêt. Prè Rup, avec, au nord, le baray oriental.

AIR EN INDOCHINE
5ᵉ ESCADRILLE
RUINES D'ANGKOR (CAMBODGE)
LE BAYON
17.11.36

Chronologies

Bien établies par de patients échanges entre historiens de l'art, épigraphistes et archéologues, elles ne sont plus guère bouleversées, mais constamment précisées et affinées.

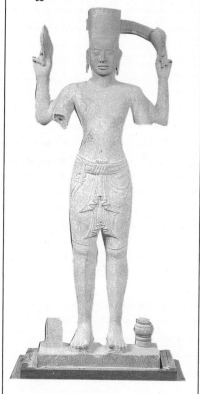

Vishnou de Rup Arak, style du Kulen, naissance de l'art angkorien.

L'art khmer

Les plus anciens textes épigraphiques connus paraissent remonter au troisième quart du Vᵉ siècle ou au commencement du VIᵉ. Provenant des régions méridionales, ils attestent l'existence d'édifices aujourd'hui disparus et, dans un cas au moins (inscriptions de Neak Tà Dambang Dèk), l'érection d'idoles. Les premières images conservées ne semblent remonter qu'au règne de Rudravarman, dernier roi attesté du Fou-nan (P. Dupont) tandis qu'aucun des édifices connus ne paraît antérieur au début du VIIᵉ siècle, donc à la période du Tchen-la. L'histoire de l'architecture et de la statuaire, de leur apparition à la fin de la période angkorienne au moins, a pu être établie, en dépit de changements plus ou moins profonds, par l'étude de leur évolution (Ph. Stern) et par l'utilisation des repères datés fournis par l'épigraphie.

Art préangkorien et angkorien, les styles.

Encore que la culture d'Oc-èo semble fournir des preuves de l'existence d'une construction en matériaux durables dans la première période historique du Fou-nan, que certaines substructures de brique d'Angkor Borei puissent être contemporaines des premiers témoignages épigraphiques, l'architecture ne peut être datée avec quelque précision qu'à partir du VIIᵉ siècle.

Les travaux de Ph. Stern, puis ceux de G. de Coral-Rémusat, de P. Dupont, de J. Boisselier, ont imposé une division en styles pour l'étude de l'art préangkorien et angkorien. Désignés du nom d'un monument particulièrement caractéristique, pouvant être utilisés pour la statuaire, leurs dates ont été peu à peu précisées, à partir d'une chronologie relative, grâce aux indications fournies par l'épigraphie et les études comparatives. Ces styles ne doivent pas être considérés comme une série de cadres rigides mais comme des articulations assez souples, les caractéristiques essentielles n'étant vraiment réunies qu'au cours de la période de maturation de chaque style. Les dates proposées ne correspondent qu'exceptionnellement à des durées de règnes. Presque toutes comportent une marge d'incertitude plus ou moins grande et les chevauchements entre styles contigus sont fréquents.

Période préangkorienne : Style du Phnom Dà (connu seulement par la statuaire), ca. 540 (?)-600.

Style de Sambor Prei Kuk, apr. 600-ca. 650.

Style de Prei Kmeng, ca. 635-ca. 700.

Style de Kompong Preah, ca. 706-peut-être apr. 800.

Transition : Style du Kulên, ca. 825-ca. 875.

Période angkorienne : Style de Preah Kô, ca. 875-apr. 893.

Style du Bàkheng, apr. 893-ca. 925.

Style de Koh Ker, 921-ca. 945.

Style de Prè Rup (transition), 947-ca. 965.

Style de Banteay Srei, 967-ca. 1000.

Style des Khleang, ca. 965-ca. 1010.

Style du Bàphûon, ca. 1010-ca. 1080 sqq.

Style d'Angkor Vat, ca. 1100-ca. 1175.

Style du Bàyon, apr. 1177-ca. 1230.

Fin de la période angkorienne, période postangkorienne.

Aucun style n'est, actuellement, caractérisé de la fin du style du Bàyon à la fin de la période angkorienne (ca. 1431 AD) ni pour la période post-

Un bouddha du Grand Prah Khan, style du Bayon, apothéose et fin de l'art angkorien.

angkorienne. Le progrès des études devrait permettre la définition de nouveaux styles, encore que la disparition presque totale de la décoration architecturale traditionnelle complique singulièrement la tâche des chercheurs.

C'est le passage, assez brusque semble-t-il, d'une architecture en matériaux durables à une architecture en matériaux légers ou mixtes qui a le plus contribué à accréditer l'idée qu'une rupture et une décadence rapide succédaient au style du Bàyon. Au témoignage de la statuaire où la continuité est mieux établie, cette décadence paraît bien plus lente qu'on l'avait cru tout d'abord. Pour l'architecture, l'abandon de la construction en matériaux durables semble trouver son explication dans deux faits essentiels : il est certain, d'une part, que les carrières de grès, presque épuisées à la fin du règne de Jayavarman VII, ne permettaient plus l'ouverture de vastes chantiers et que, d'autre part, la construction en matériaux légers ou mixtes était mieux adaptée à la destination theravādin (édification de vastes salles impossibles à couvrir dans le système classique de voûtement) que la construction en matériaux durables. Cette architecture mixte n'a guère laissé d'autres témoins que des soubassements d'édifices d'une construction soignée mais dont la modénature très sobre ne se prête plus aux études évolutives qui permettraient de les dater (Terrasses bouddhiques d'Angkor Thom, H. Marchal).

Quoi qu'il en soit, et encore que l'occupation momentanée d'Angkor par Ayudhyā après 1431 semble avoir amené, au moins dans la statuaire, le triomphe éphémère de formules typiquement siamoises dans l'ancienne capitale, les traditions khmères conservent toute leur vitalité dans les nouveaux centres (Srei Santhor). La véritable renaissance qui, sous l'impulsion d'Ang Chan, se concrétise dans la seconde moitié du XVIe siècle par la réoccupation temporaire d'Angkor, permet de reconnaître qu'aucune des grandes traditions n'était vraiment perdue. Les restaurations et aménagements effectués dans divers monuments (Mnt. 486, Vat Nokor) prouvent une réelle continuité aussi bien dans la construction que dans la décoration architecturale ou la sculpture qui, quoique décadente, atteste dans les parures et les ajustements, la permanence de l'évolution.

Jean Boisselier,
Le Cambodge
in *Manuel d'archéologie de l'Asie du Sud-Est*, I/1
(Picard, Paris, 1966), pp. 41-43.

L'occupation de la région d'Angkor

L'installation « officielle » de la monarchie khmère dans la région d'Angkor est traditionnellement datée de 802, lorsque le roi Jayavarman II (802-env.835) se proclame « monarque universel » sur le Phnom Kulen, massif montagneux situé au Nord-Est d'Angkor et château d'eau de la région. Divers monuments témoignent d'une présence antérieure, ainsi le temple-montagne d'Ak Yom découvert par G. Trouvé enfoui dans la digue du Baray occidental. Jayavarman II et ses successeurs immédiats bâtissent sur le Phnom Kulen et dans la région de Roluos (au Sud-Est d'Angkor) où Indravarman I (877-env.889) construit le temple de Prah Ko, la pyramide de Bakong et le Baray de Lolei.

Yaçovarman I (889-env.910) construit le temple de Lolei (au milieu du Baray du même nom) mais surtout installe la capitale sur le site d'Angkor et lui donne son nom, Yaçodharapura ; enfermée par une vaste levée de terre (dont les restes ont été identifiés par V. Goloubew), elle entoure le Phnom Bakheng au sommet duquel le roi installe son temple-montagne. On doit aussi à Yaçovarman le Baray oriental et les temples du Phnom Krom (à l'embouchure de la rivière de Siem Réap) et du Phnom Bok (entre le Phnom Kulen et Angkor). Ses premiers successeurs construisent la pyramide de Baksei Chankrong et le temple de Prasat Kravanh (restauré par B.-P. Groslier), mais Jayavarman IV (928-942) s'en va installer une nouvelle capitale à Koh Ker à 80 kilomètres au Nord-Est d'Angkor.

Le règne de Râjendravarman I (944-env. 967) marque la reprise des grands travaux à Angkor : construction du temple du Mébon oriental (au centre du Baray du même nom), de celui de Bat Chum, du temple-montagne de Pré Rup et du bassin du Srah Srang. Banteay Srei est inauguré sous Jayavarman V (968-1000) à qui l'on doit le temple-montagne de Ta Keo (resté inachevé), Sûrayavarman I (env. 1002-1049) construit l'enceinte du Palais Royal (et, à l'intérieur, le temple-montagne du Phiméanakas) et sans doute le Baray occidental. Au centre de ce dernier, Udayâdityavarman II (1050-1066), le bâtisseur du temple-montagne du Baphuon, installe le Mébon et la statue de Vishnou en bronze que Tchéou Ta-Kouan plaçait par erreur au milieu du Baray oriental.

En dehors d'Angkor Vat, son temple-montagne, on doit à Sûryavarman II (1113-1150 ?) le début d'une campagne de travaux qui se prolonge jusqu'au sac d'Angkor (1177) et voit la construction, à Angkor, des temples de Thommanon, Chau Say Tevoda, Banteay Samré et, en dehors d'Angkor, de Beng Mealea,

du groupe central du Prah Khan de Kompong Svay et des temples qui jalonnent la route qui y conduit depuis Angkor.

La reconstruction de la capitale par Jayavarman VII (1181-1218 ?) est un véritable renouvellement : établissement pour la première fois d'une muraille en pierre (Angkor Thom), temple-montagne d'un type inouï (Bayon), multiplication des temples (Ta Prohm, Prah Khan, Banteay Kdei, Neak Pean pour ne citer que les plus importants), aménagements hydrauliques (douves d'Angkor Thom, Baray de Prah Khan) etc. Ces grands travaux qui vont de pair avec de très importantes constructions hors d'Angkor sont les derniers. Après la disparition de Jayavarman VII, les seules nouveautés que connaîtra la Ville seront des aménagements sommaires et les constructions en pierre se limiteront aux soubassements des temples bouddhiques construits eux-mêmes en matériaux légers.

B. D.

Sûrayavarman II sur les murs de son temple, Angkor Vat.

Restauration et anastylose

« Le roi restaura les murs d'enceinte, pierre par pierre, refit le toit avec sa flèche à neuf pointes. »
(Inscription d'Angkor Vat, vers 1579, trad. Lewitz).

Monument historique ? Monument vivant ?

Les rois du Cambodge qui font effectuer des travaux à Angkor Vat au XVIe siècle se réfèrent volontiers à leur lointain prédécesseur, constructeur du temple. Cependant ce n'est pas tellement à sa qualité de monument « historique » qu'Angkor Vat doit leurs soins mais beaucoup plus à sa qualité de sanctuaire « vivant ». On peut penser que les quelques travaux effectués par la suite, en particulier à la demande du roi de Siam, le sont dans le même esprit.

A partir de 1907, lorsque les Européens interviennent directement dans la vie d'Angkor, les choses se présentent de façon toute différente. Une des premières opérations effectuées sur Angkor Vat est l'ouverture de la cella de la tour centrale dont les portes étaient obturées par des parois qui portaient de grandes images bouddhiques. En d'autres termes, ce qu'on recherche à Angkor Vat c'est son état « originel » retrouvé au-delà des modifications qu'avait entraîné son adaptation au nouvel univers religieux des Cambodgiens : le bouddhisme du

Les trois tours de Banteay Srei.

Petit Véhicule. S'il n'est pas possible de faire table rase de cet aspect vivant du monument, on s'efforce dès cette époque de le cantonner dans la galerie dite des « Mille Bouddha ».

Les autres monuments n'ont pas pour les fidèles du début du XXᵉ siècle la même importance. Les aménagements « tardifs » parfois très importants y sont plus ou moins abandonnés : ainsi le gigantesque Bouddha couché qui enveloppe la face ouest du Baphuon ou bien encore le non moins grand Bouddha assis qui couvre toute la façade est de la pyramide du Phnom Bakheng.

Retrouver l'Histoire ? Garder le Mystère ?

Pour ces monuments la doctrine européenne peut s'appliquer à plein : on débarrassera la structure « originelle » de toutes les accrétions qui la masquent : végétation et aménagements tardifs. Mais cette attitude « scientifique » ne fait pas l'unanimité. Beaucoup de visiteurs d'Angkor trouvent tout naturel qu'on « débarrasse » les ruines des adjonctions dues à des « indigènes » qui ne peuvent être qu'ignorants. En revanche ils voient d'un très mauvais œil qu'on arrache ces mêmes ruines à la végétation qui en fait le mystère et donc l'intérêt.

Du côté des autorités un consensus apparaît rapidement : on va dégager de façon « scientifique » la plupart des monuments. On conservera dans l'état quelques merveilleux mariages d'arbres et de pierres – Ta Prohm, mais aussi Ta Som, Neak Pean... – et simultanément on protégera la forêt d'Angkor. Les intérêts contradictoires des romantiques amoureux du mystère et de ceux qui cherchent à retrouver l'ancienne Angkor seront ainsi satisfaits.

Du danger de respecter les vieilles pierres

La première partie du programme ne va pas sans inconvénients : les arbres protègent les ruines des pluies diluviennes ; leurs racines retiennent les murs qu'elles ont disloqués ; coupés, ils sont d'ailleurs rapidement remplacés par une « petite » végétation beaucoup plus insidieuse et plus envahissante qui vient cacher entièrement ce qui était visible sous les frondaisons. Dégager c'est donc souvent activer ou même réamorcer la dégradation, c'est aussi un processus sans fin.

La réaction « scientifique » devant ce résultat est timide. Des équipes d'entretien toujours insuffisantes renettoient les temples dégagés après chaque saison des pluies ; les premiers essais – peu concluants et coûteux – de désherbage chimique ont lieu vers 1925. Pour le reste on va s'efforcer de consolider tant bien que mal les ruines mais telles quelles. En effet le « respect » de leur antiquité interdit toute reconstruction et n'autorise que des travaux de consolidation : comme devait l'écrire M. Glaize en 1942 : « Maintenir chaque monument strictement en l'état révélé par les travaux de dégagement, s'abstenir de toute reprise du gros œuvre autre que visible [...] : telles étaient [...] les directives des maîtres responsables de l'archéologie indochinoise [...]. Il n'est pas question de remplacer des éléments originaux par des pièces neuves taillées dans un matériau identique et qui risqueraient de se confondre avec la « vraie » ruine. Or ces éléments disparus ou irrécupérables sont nombreux : le grès est fragile ; les blocs tombés au sol, parfois brisés, résistent mal à un long séjour à même la terre toujours humide ; les déjections des chauves-souris constituent un attaquant chimique très corrosif ; d'un autre côté la vie ininterrompue d'Angkor a converti certains ensembles en carrière : les blocs ainsi réemployés ont été emportés, retaillés...

Les quelques consolidations effectuées vont donc l'être avec des supports extérieurs : des potelets en béton servent de béquilles à des blocs que la ruine a mis en surplomb ; des linteaux en déséquilibre sont supportés par des étais en béton ou de bois et le reste à l'avenant. Le résultat n'est ni beau ni durable : des sculptures se trouvent cachées derrière des étais et il arrive souvent qu'un éboulement laisse un potelet suspendu au bloc qu'il est censé consolider ; en effet, faute d'une reprise plus complète, c'est souvent la ruine chancelante qui sert de support à la « restauration ». Les ruines ont perdu leur charme végétal mais n'en sont pour autant ni plus solides ni d'ailleurs plus intelligibles pour le commun des mortels.

Une solution : l'anastylose à la javanaise

L'isolement relatif des responsables des travaux d'Angkor, le fait aussi peut-être qu'ils aient eu à improviser dans un domaine qui n'était pas le leur à l'origine, explique sans doute que jusqu'à la fin des années 20 les solutions peu satisfaisantes adoptées aient été considérées comme les seules possibles.

En effet, en Europe le principe du respect intégral de la ruine est battu en brèche depuis longtemps déjà. Il est largement admis qu'on peut « remonter » un monument ruiné en complétant les manques par des éléments neufs. C'est « l'anastylose », c'est-à-dire, littéralement, le « relèvement des colonnes » : en grec *stylos* désigne une « colonne » et le préfixe *ana* traduit une idée de redressement ou de retour en arrière ; le terme consacré sera conservé au Cambodge en dépit du fait que l'architecture n'y est que rarement hypostyle. Sa théorie a été exprimée par l'architecte grec Balanos dans une définition maintes fois citée : « L'anastylose consiste dans le rétablissement ou relèvement d'un monument avec ses propres matériaux et selon les méthodes de construction propre à chacun. L'anastylose s'autorise de l'emploi discret et justifié de matériaux neufs en remplacement des pierres manquantes sans lesquelles on ne pourrait replacer les éléments antiques. »

En Asie tropicale, les Hollandais ont appliqué cette technique dès le début du siècle aux monuments d'Indonésie. Borobudur, par exemple, a été ainsi restauré entre 1907 et 1911. Au moment où van Stein-Callenfels visite Angkor, la technique est au point. H. Marchal l'a décrite en détail dans son rapport de mission de 1930. Les principales étapes d'une restauration sont, en résumé, les suivantes :

— 1. Nettoyage, fouilles et plan, recherches des pierres, début de reconstitution au sol, dépose des parties encore debout assise par assise.

— 2. Durcissement du sol (avec ou sans établissement d'une semelle de béton), remontage avec insertion de pierres neuves si nécessaire (ces éléments neufs ne sont pas sculptés mais sommairement épannelés ; un marquage au plomb permet de les identifier) et sans utilisation de mortier pour les pierres en parement (que des crampons en fer retiennent par-derrière).

Des réticences techniques

Le principe même de l'anastylose ne soulève aucune opposition de la part de H. Marchal ; ses objections sont purement techniques : absence d'un personnel qualifié, de matériel adapté et longs tâtonnements à prévoir, comme à Java ; différences entre les monuments khmers et javanais ; les ensembles khmers sont plus complexes ce qui pose un problème pour l'implantation des chantiers ; plus important, le grès d'Angkor plus friable et plus tendre que l'andésite de Java et la mauvaise qualité de la construction khmère multiplient les pièces brisées... Cependant pour lui, « la grande leçon à tirer des méthodes mises en pratique à Java serait d'utiliser du ciment avec plus de discrétion (...). Le but idéal à viser doit être comme à Java d'éviter qu'aucune trace de ciment n'apparaisse pour le visiteur. »

Et le mystère ?

La réussite de Banteay Srei est reconnue unanimement ; le monument restauré apparaît pour ainsi dire intact, le jaune de la latérite utilisée pour combler les manques s'intègre bien au rose jaunâtre du grès d'origine. Le cadre forestier magnifique fait le reste. La technique va être appliquée désormais à Angkor même. Non sans quelques protestations que M. Glaize balaie dans une conférence qu'il consacre à l'anastylose en 1942 après que de nombreuses opérations spectaculaires lui avaient permis de mettre la technique au point (Neak Pean, Banteay Samré) : « Bien souvent aussi [...] l'effort de l'archéologue ne trouve que méfiance chez le « touriste » assoiffé de pittoresque qui, en plein XXe siècle et dans les meilleures conditions de confort, recherche au milieu des ruines

Banteay Srei : reconstitution en cours.

1952. II. Marchal sur l'un de ses derniers chantiers (l'autre Banteay Srei, celui de Damdek).

l'allégresse d'explorateur d'un Mouhot découvrant Angkor Vat en 1860. Imbu d'un individualisme périmé, rien ne compte pour lui que le romantisme à gros effets symbolisé par l'étreinte passionnée d'un pan de mur s'écroulant sous les tentacules d'arbres goulus : le Conservateur des monuments n'est plus que le metteur en scène de cette orgie végétale. » (« L'anastylose, méthode de reconstruction des monuments anciens. Son application à l'art khmer », *Cahiers de l'Ecole Française d'Extrême-Orient*, n° 29, Hanoi 1942). Lui n'a que faire du « délabrement des ruines » qui « interdit au chercheur d'aller au-delà de l'émotion ressentie par son cœur d'artiste ou de poète »... « Le vrai romantisme est celui qui se révèle capable de mettre entre les vieilles pierres d'un sanctuaire dévasté le levain

de ce qui n'est plus »... Il conclut : « [L'anastylose] a pour nous le caractère inéluctable des solutions vraiment adéquates, et ne peut décevoir, pourvu que sa devise reste celle de tout archéologue qui se respecte : temps, patience et réflexion. »

La nouvelle anastylose

Au lendemain de la guerre, les choses ont changé, les hommes aussi ; de nouvelles exigences sont apparues. De plus les reconstructions n'ont pas toujours bien vieilli. Le ciment souvent visible fait tache ; surtout des affaissements sont apparus et les pierres d'origine en mauvais état remises en place ont mal résisté aux contraintes qui leur étaient imposées. Pour reprendre les termes de J. Dumarçay, B.-P. Groslier s'est vite aperçu que

« l'anastylose sans confortation interne ni protection de la pierre pour assurer au moins la stabilisation de l'altération du grès » est insuffisante. L'humidité est le principal ennemi du grès : il faut donc isoler complètement la structure reconstruite du sol par des fondations de béton. En béton également, des confortations dissimulées derrière les façades renforcent et allègent la charge des éléments anciens.

Cette anastylose en profondeur bouleverse considérablement l'édifice. En dépit de la satisfaction qu'elle donne à l'œil et de la connaissance intime du monument que donnent les travaux préparatoires, elle n'est à employer que comme dernier recours. Cela B.-P. Groslier en avait pleine conscience lorsqu'il écrivait en 1976, après avoir quitté Angkor : « [...] Ces travaux (de restauration) furent d'abord décidés puis conçus dans le seul but de sauver les monuments et parce que cela apparaissait comme la seule méthode efficace, mais non bien sûr pour « restituer » leur aspect quoique cela soit là un objectif parfaitement raisonnable le cas échéant. Inversement dans bien des cas où nous nous sentions impuissants, ou pas assez sûrs, nous avons préféré éviter toute action prématurée qui pouvait compromettre l'avenir. En un mot ce genre de restauration ressortit à la chirurgie : c'est-à-dire qu'elle ne doit être appliquée qu'en dernier ressort, et sans ignorer qu'elle laissera malgré tout des cicatrices. » (Dans *Travaux et perspectives de l'Ecole Française d'Extrême-Orient en son 75ᵉ anniversaire*, Paris, 1976).

B. D.

1968. Un bloc de grès neuf est taillé à la demande.

Promenades à Angkor et à l'Expo

Quand on arrive de Pnom Penh, on aperçoit soudain un immense écriteau et on lit, interloqué :

PÈLERINS D'ANGKOR Tournez à droite.

Roland Dorgelès, 1925

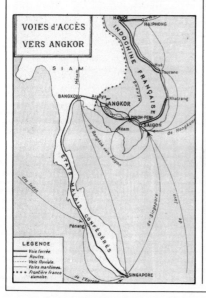

VOIES d'ACCÈS VERS ANGKOR

LEGENDE
Voie ferrée.
Routes.
Voie fluviale.
Voies maritimes.
Frontière franco-siamoise.

A Angkor dans les années 1920 : d'un circuit à l'autre

Le tracé des routes dans le parc d'Angkor permet aux touristes de voir l'essentiel des monuments en marchant le moins possible et sans détours inutiles. Il forme deux circuits – dont le second, le « grand », n'est qu'une excroissance de « petit » – que suivent les touristes dès le début des années 1920.

Le petit circuit

Le « petit circuit » part d'Angkor Vat, il conduit d'abord au Bayon, passant au pied du Phnom Bakheng (où il est de bon ton de monter à dos d'éléphant), puis par la Porte Sud dont certains géants ont été très tôt relevés. Après le Bayon c'est la Place Royale et l'arrêt obligatoire à la Terrasse du Roi Lépreux. De là on pique vers l'est : au-delà de la Porte de la Victoire, on devine dans les arbres Thommanon et Chaud Say Tevoda encadrant la route ; puis la rivière franchie, c'est Ta Keo, merveilleuse masse géométrique dont la décoration est à peine esquissée.

Ensuite la route longe Ta Prohm que, dès cette époque, on a décidé de laisser dans sa gangue végétale et sa ruine ; seuls quelques sentiers de traversée permettent de retrouver l'émotion d'un Mouhot ou celle d'un Paul Claudel écrivant dans son journal en 1921 : « [...] Ta Prohm sous la végétation et les arbres, dans une atmosphère de décomposition et de fièvre. Les énormes fromagers blancs digérant la pierre encastrée dans leur anastomose, cette racine qui couvre et enserre tout un portique et vient prendre la place d'un des piliers. » Puis vient Bantcay Kdei et enfin la vue rafraîchissante du grand bassin du Srah Srang. De là c'est le retour à travers la forêt vers Angkor Vat : au passage on

T a Prohm ne disparaît pas tout entier sous les arbres...

devine non loin les tours de briques ruinées de Prasat Kravanh ; à l'arrivée ce sont les larges douves du temple que la jacinthe d'eau envahit déjà, cauchemar des conservateurs.

Le grand circuit

Le « grand circuit » se sépare du « petit » à la Place Royale. De là il conduit droit à la Porte Nord puis oblique pour longer Prah Khan dont les portes, comme celles de la Ville, sont précédées de chaussées bordées de géants. Au-delà vers l'est la route monte sur la digue nord du « Lac septentrional » de Tchéou Ta-Kouan. Le lac artificiel est asséché, encombré de forêt. Mais en son centre l'île merveilleuse est toujours là : sa tour centrale est encore saisie dans un énorme banyan au milieu de son bassin circulaire dont l'eau s'échappe par des gargouilles vers d'autres pièces d'eau. Louis Finot et Victor Goloubew viennent d'y reconnaître la représentation du Lac Anavatapta dont, dans la tradition bouddhique, s'échappent les quatre grands fleuves qui irriguent l'univers.

A l'extrémité orientale du « lac », Ta Som : la tour à visage qui lui sert de porte est elle aussi enserrée dans un banyan, sans doute le plus photographié du monde. Puis vers le Sud, la route pénètre dans un autre lac artificiel asséché, le Baray oriental, encore plus vaste ; elle passe près de son île centrale, le Mébon oriental, énorme masse de latérite couronnée de cinq tours en briques. Ensuite, juste avant le Srah Srang où on rejoint le petit circuit, c'est Pre Rup avec ses cinq tours en briques qui n'ont pas perdu toute leur parure de stuc.

Le programme prévoit quatre jours et demi ; s'il reste du temps on pourra pousser jusqu'à Roluos, voir les temples d'avant Angkor, ou encore aller à l'ouest d'Angkor Thom vers le Baray occidental. Vers l'Est, se diriger vers Beng Mealea et le Grand Prah Khan est toujours une expédition où ne se lancent guère que forestiers ou chasseurs.

B. D.

Le Phineanacas, dans le palais royal.

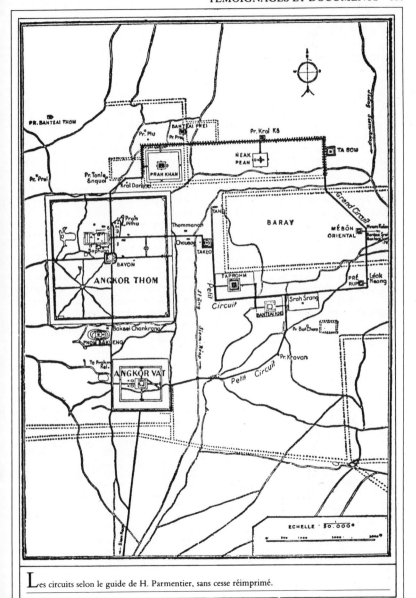

Les circuits selon le guide de H. Parmentier, sans cesse réimprimé.

SOUS TOUS LES CLIMATS..

Vous boirez frais et n'utiliserez que des aliments parfaitement sains si vous êtes muni d'un réfrigérateur électrique Frigéco. Son grand avantage aux colonies consiste en ce qu'il ne demande aucun entretien, même pas de graissage. Une simple prise de courant suffit pour assurer son fonctionnement, et il ne comporte rien que la négligence ou la malveillance puisse déranger : ni tuyaux, ni courroies, ni joints. Frigéco sous tous les climats apporte avec lui sécurité, hygiène, économie.

FRIGÉCO
Réfrigérateur électrique

BELLE JARDINIÈRE
Rue du Pont-Neuf PARIS Succursale : 1, Place de Clichy

UNIFORMES et VÊTEMENTS pour les COLONIES
VÊTEMENTS PRÊTS A PORTER ET SUR MESURE
pour HOMMES, DAMES, JEUNES GENS, FILLETTES et ENFANTS

Ses seules Succursales sont à : PARIS, 1, Place de Clichy
LYON, MARSEILLE, BORDEAUX, NANTES, ANGERS, NANCY — Maison de Vente à SAINTES
ENVOI FRANCO SUR DEMANDE DE : CATALOGUES, FEUILLE DE MESURES ET ÉCHANTILLONS

L'Exposition coloniale. La reconstitution d'Angkor Vat, un exploit, déchaîne la pub.

Généralités

Boisselier J., *Le Cambodge*, Paris (Picard : Manuel d'Archéologie d'Extrême-Orient I/1), 1966 [avec une très copieuse bibliographie].

Cœdès G., *Pour mieux comprendre Angkor*, Paris, Musée Guimet 1947 ;
Les États hindouisés d'Indochine et d'Indonésie, Paris, De Boccard, 1964 ;
Les Peuples de la péninsule indochinoise, Paris, Dunod, 1962.

Giteau M., *Histoire d'Angkor*, Paris, PUF, « Que sais-je ? » n° 1580, 1974 ;
Les Khmers, sculptures khmères, reflets de la civilisation d'Angkor, Fribourg, Office du Livre 1972.

Glaize M., *Les Monuments du groupe d'Angkor*, 3e édition, Paris, Adrien-Maisonneuve, 1963.

Groslier B.-Ph., *Indochine, carrefour des Arts*, Paris, « l'Art dans le Monde » 1961 ;
Angkor, hommes et pierres, (Arthaud) 1964.

Jacques C., Six siècles d'histoire angkorienne, dans *Angkor* « Dossiers Histoire et Archéologie » n° 125, mars 1988.

Naudin G., *Le Groupe d'Angkor vu par les écrivains et les artistes étrangers*, Saïgon 1928 .

Stierlin H., *Angkor*, Fribourg, Coll. « Architecture Universelle », 1970.

Chapitre I

Boisselier J., Note sur l'art du bronze dans l'ancien Cambodge, dans *Artibus Asiae* t. 29/4 (1967).

Groslier B.-P., *Angkor et le Cambodge au xvie siècle d'après les sources portugaises et espagnoles*, Paris, PUF, 1958.

Khin Sok, *Chroniques royales du Cambodge [II]*, Paris, E.F.E.O. 1988.

Lewitz S., Inscriptions modernes d'Angkor, dans *Bulletin de l'École française d'Extrême-Orient*, t. 57 (1970) à 62 (1975).

Mak Phoeun, *Chroniques royales du Cambodge [I]* , Paris, E.F.E.O. 1984.

Pelliot P., *Mémoires sur les coutumes du Cambodge de Tcheou Ta-Kouan*, Paris, Adrien Maisonneuve 1951.

Péri N. Essai sur les relations du Japon et de l'Indochine aux xvie et xviie siècles, dans *Bulletin de l'École française d'Extrême-Orient*, t. 23 (1923).

Chapitre II

Bouillevaux C.-E., *Voyage dans l'Indochine (1848-1856)*, Bar-le-Duc et Paris 1858 ;

L'Annam et le Cambodge – Voyages et notices historiques, Paris 1874.

Mouhot H., *Travels in the Central Parts of Indo-China*, 2 vol. Londres 1864 ;
Voyage dans les royaumes de Siam, de Cambodge et de Laos... Paris, Bibliothèque rose illustrée 1868 ; réédition Olizanne, Genève 1989.

Pym. Ch., *Henri Mouhot's Diary*, Oxford University Press 1966.

Rémusat A., *Description du royaume de Cambodge*, dans *Nouveaux Mélanges Asiatiques...* t. I. Paris 1823.

Thomson J., *Antiquities of Cambodia*, Edimbourg 1867 ;
The Straits of Malacca, Indo-China and China or Ten Years Travels, Adventures and Residence abroad, Londres 1875 (traduit par A. Talandier et H. Vattemare sous le titre *Dix ans de voyage dans la Chine et l'Indochine*, Paris 1877).

Chapitre III

Garnier F., *Voyage d'exploration en Indo-Chine effectué pendant les années 1866, 1867 et 1868 par une commission présidée par M. le capitaine de frégate Doudart de Lagrée et publiée par les ordres du ministre de la Marine sous la direction de M. le lieutenant de vaisseau F. Garnier*, 2 vol. de texte et un *Atlas* en 2 fasc. Paris 1873.

Villemereuil A. de, *Doudart de Lagrée, Explorations et missions – extraits de ses manuscrits...* Paris 1883.

Chapitre IV

Aymonier E., *Le Cambodge*, 3 vol., Paris 1901-1903.

Carpeaux Ch., *Les Ruines d'Angkor, de Duong-Duong et de My-Son*, Paris 1908.

Delaporte L., *Voyage au Cambodge, l'architecture khmère*, Paris 1880 ;
Les Monuments du Cambodge, 4 fascicules, Paris 1914-1924.

Fournereau L. et J. Porcher, *Les Ruines d'Angkor, étude artistique et historique...*, 2 vol., Paris 1890.

Fournereau L., *Les Ruines khmères*, Paris 1891.

Loti P., *Un pèlerin d'Angkor*, Paris.

Lunet de Lajonquière, *Inventaire descriptif des monuments du Cambodge*, 3 vol. + cartes en portefeuille, Paris 1902-1911.

Tissandier A., *Cambodge et Java, ruines khmères et javanaises*, Paris 1896.

Chapitre V

Cœdès G., *Pour mieux comprendre Angkor*, Paris, Musée Guimet 1947.

Finot L. Goloubew V. et Parmentier H., *Le Temple d'Içvarapura (Bantay Srei, Cambodge)*, Paris, E.F.E.O. 1926.

Glaize M., *Les Monuments du groupe d'Angkor*, 3e édition, Paris 1963.

Groslier G., *Danseuses cambodgiennes anciennes et modernes*, Paris 1913 ; *A l'ombre d'Angkor*, Paris 1916 ; *Recherches sur les Cambodgiens d'après les textes et monuments, depuis les premiers siècles de notre ère*, Paris 1921.

Langlois W. G., *André Malraux – l'aventure indochinoise*, Paris, Mercure de France 1967.

Malraux A., *La Voie royale*, Paris 1930.

Mus P., Le symbolisme à Angkor-Thom : le grand miracle du Bayon, in *Comptes rendus de l'Académie des Inscriptions et Belles-Lettres*, 1936 ; Le Sourire d'Angkor, Artibus Asiae, t. 24, 1961.

Parmentier H., *L'Art khmer primitif*, 2 vol. Paris, E.F.E.O. 1927 ; *L'Art khmer classique : les monuments du quadrant nord-est*, 2 vol. Paris, E.F.E.O. 1939.

Stern Ph., *Le Bayon d'Angkor et l'évolution de l'art khmer, étude et discussion de la chronologie des monuments khmers*, Paris 1927.

Chapitre VI

Boulbet J. et Dagens B., « Les Sites archéologiques de la région du Bhnam Gulen », *Arts Asiatiques*, t. 27 (1973).

Courbin P., *La Fouille de Sras-Srang*, Paris, E.F.E.O. 1988.

Dumarçay J., *Le Bayon, histoire architecturale du temple*, Paris, E.F.E.O. 1967-1973 ; *Ta Kèv, Étude architecturale du temple*, Paris, E.F.E.O. 1971 ; *Phnom Bakheng, Étude architecturale du temple*, Paris, E.F.E.O. 1972 ; *Documents graphiques de la conservation d'Angkor...* Paris, E.F.E.O. 1988.

Groslier B.-Ph., *Inscriptions du Bayon*, Paris, E.F.E.O., 1973 ; « Travaux archéologiques », dans *Travaux et perspectives de l'Ecole Française d'Extrême-Orient pour son 75e anniversaire*, Paris 1976.

Nafilyan G., *Angkor Vat, description graphique du temple*, Paris, E.F.E.O. 1969.

Stern Ph., *Les Monuments khmers du style du Bayon*, Paris, musée Guimet 1965.

CRÉDITS PHOTOGRAPHIQUES

Archives départementales de Haute-Marne, Chaumont 34h. Artephot/Hinz 17h, 17b. Artephot/-Varga 25. Bibl. nat., Paris 21b, 31, 38b, 42/43, 44, 51h, 52/53b, 56/57, 63, 64g, 64d, 65, 83, 96b, 100, 134g, 147, 149g, 182bg. Centre de documentation du musée d'Orsay 78h. J.L. Charmet, Paris 12, 104h. Coll. Albert Kahn, Boulogne 90/91, 91d, 92, 93, 101b. Coll. de la banque Indosuez, Paris 102, 103. Coll. Mme François Dellesmillières, Épinay-sur-Seine 36, 37b, 39h, 39b. Coll. part. 129, 158, 178. Coll. Sirot/Angel, Paris 74h, 74b, 75, 76h, 76b, 77, 104b. Bruno Dagens, Strasbourg 120, 122, 124g. Droits réservés 14h, 14b, 20, 26b, 32b, 40/41, 41h, 46/47, 59h, 60, 62, 66, 68b, 69h, 73b, 78b, 79h, 79m, 79b, 84, 85h, 85m, 85b, 86, 69h, 73b, 78b, 79h, 84, 85h, 85m, 85b, 86, 101h, 105, 106h, 111, 115, 124d, 134d, 138, 140, 142, 150, 172, 181, 182hg, 182d, 183bg, 183bd. Ecole nationale supérieure des Beaux-Arts, Paris 1, 2/3, 4/5, 6/7, 8/9h, 8/9b, 70h, 70/71. EFEO, Paris 18, 30, 73h, 82, 87b, 88h, 88b, 89, 94g, 94d, 95, 99, 106b, 107hg, 107bg, 107d, 108, 109, 145, 154, 161, 162/163, 164/165, 166/167, 171, 175, 176. Roger Gain 11, 13, 24b, 27, 118. Giraudon, Paris 32h, 61. Bruno Jarret par ADAGP et musée Rodin 80, 81. Meadows Museum of Art, Centenary College of Louisiana, Shreveport 112/113. Missions étrangères, Paris 33, 34b. Musée d'histoire de Marseille 28, 183h. Musée de la publicité, Paris 50. Musée Shokokan, Mito 29. Paris-Match/Ménager, Paris 121b. Réunion des musées nationaux, Paris 19b, 48, 58h, 68h, 69b, 168, 169. Marc Riboud, Paris 19h, 24h, 35, 114, 116, 117h, 117b, 123h, 123b, 125, 126, 127, 128, 136, 177. Roger-Viollet, Paris 22b, 59b, 97, 130, 153, 155, 157, 159. Roger-Viollet/Harlingue, Paris 110, 121h. Royal Geographical Society, Londres 37h, 38h. S.I.R.P.A./E.C.P.A., Ivry-sur-Seine 132, 160. Editions Skira, Genève 15. Société de Géographie, Paris 49, 51b, 96h, 98g, 98d, 179, 180.

REMERCIEMENTS

L'auteur remercie Jean Boulbet, Jacques Dumarçay, Claude Jacques, Pierre Pichard, Sylvie Watelet, ainsi que Bernadette Grandcolas, Jean-Paul et Monique Schneider, Françoise, Nicolas et Catherine. Les Editions Gallimard adressent leurs remerciements à Madame François Dellesmillières, Pierre Dumonteil, Mrs. Judy Godfrey, Jérôme Hayaux du Tilly, la banque Indosuez, Annie Jacques, Caroline Mathieu, Pierre Pitrou, Christiane Rageau, Gérard Turpin, Lyne Thornton, qui, tous, leur ont apporté une aide précieuse.

COLLABORATEURS EXTÉRIEURS

La maquette du corpus de cet ouvrage a été réalisée par Corinne Leveuf, celle des Témoignages et Documents par Gilles Chobaux. Any-Claude Médioni a également collaboré à la production générale.